從修例風波到反中動亂

利維坦缺位下的荒誕劇

從修例風波到反中動亂

利維坦缺位下的荒誕劇

王卓祺　梁韋諾　楊云

新範式基金會

2023

本書圖片承蒙香港大公文匯傳媒集團授權使用，謹此致謝。

從修例風波到反中動亂：利維坦缺位下的荒誕劇

作　　者：王卓祺、梁韋諾、楊云

出　　版：新範式基金會

地　　址：香港中環都爹利街樂成行

印　　刷：寶華數碼印刷有限公司

版　　次：二零二三年十一月第一版

國際書號：ISBN 978-988-70224-0-4

目　錄

序

梁振英

　　2019 年的「修例風波」曠日持久，四年後的今天仍然餘波未了，境內外影響既深且遠，事件必須好好總結。王卓祺教授等三位作者在此書詳細分析風波的主要情節，指明成因，以「利維坦公權力缺位」回答「為甚麼爆發修例風波」這關鍵。

　　書中的第七章點出要害：「荒誕劇的舞台是怎樣構成的？」。我認為這荒誕劇是連續劇，回歸伊始已經拉開帷幕，2019 年只是高潮。2019 年前的 16 年，「二十三條立法」失敗，維護國家和香港內部安全的法律「缺位」；回歸後一直未能重建港英撤出前解散的政治部，特區政府的國安執法力量也「缺位」；歷任行政長官面對的荒誕愈演愈烈，鄭經翰在電台主持烽煙節目，公然聲稱自己是「八點前的特首」；我剛當選，何俊仁和梁國雄就分別在法庭啟動呈請和申請覆核，要求法庭宣布我的當選無效，案件一直打到終審法院，兩人敗訴兼付巨額堂費，劇情荒誕至極，但是沒有人問他們打這兩場昂貴官司的錢從何來？我作為行政長官出席立法會答問大會，黃毓民在議事廳向我掟玻璃水杯，我報警，上了法庭，法官判黃毓民無罪；其他在法庭上演的劇目包括裁決教育局不必公開在修例風波期間被除牌教師的姓名、毛孟靜丈夫在淺水灣車位大型僭建成的住宅不必拆除等等。可見荒誕劇

中的角色不只有反對派，而造成「利維坦公權力缺位」不完全是外力。

2019 年前，「利維坦公權力缺位」還有其他跡象可尋。自回歸後，重要的社會功能逐一被政治化和激進化，到了 2019 年，不僅教育、社工、大專和法律界繼續成為反對派的堡壘，連醫護、航空、會計、教會、新聞等界別也逐一失守，而大批穿軍服、拿軍餉的建制人士長期作壁上觀，「利維坦公權力」能不「缺位」嗎？

「利維坦公權力缺位」之後，還有人在上演荒誕劇的舞台上潑油點火。回歸前幾年，黎智英在彭定康的羽翼下創辦《壹週刊》和《蘋果日報》，20 多年來，每周每天印在紙上的就是荒誕劇歇斯底里的台詞，部分香港商家，包括兩家發鈔的英資銀行和個別中資企業不斷向《蘋果日報》奉獻大額廣告費；「壹傳媒」在公開的帳目上常年為誹謗官司作大額撥備，黎智英在 1997 年不必移居英國而取得正式的英國國籍（不是二等香港人拿 BNO 的二等身分），這些都是荒誕，但還不是最荒誕，更荒誕的是黎智英在 2019 年 5 月 12 日的《蘋果日報》寫的不自量力針對中央的專欄文章，標題是「行出來　趁佢病攞佢命」（走出來　趁他有病要他的命）。

當年香港的「利維坦公權力」確實「缺位」，但沒有黎智英這角色，荒誕劇還不會加速落幕。長期以來，黎智英就是在香港的反共反華的大腦、金主、喉舌兼黨鞭，是荒誕劇的班主、編劇、導演和主角。2019 年，黎智英誤判中央的決心和實力，以為香港的「利維坦公權力」「缺位」，反對派在英美的扶持下就可以稱王稱霸。荒誕劇的荒誕高潮不是街頭暴動，而是英國人黎智英在 2019 年訪問美國，在同一行程中獲美國副總統、國務卿和國

家安全事務顧問三巨頭分別接見，回港後，黎智英和其他角色在荒誕劇中演得格外亢奮。

荒誕劇驟然落幕，死因是誤判。黎智英和一眾嘍囉自我催眠，對「趁佢病」信以為真，對「攞佢命」不自量力，對英美兩國的口水「支持」深信不疑，結局是黎智英和泊他碼頭的人不是鋃鐺入獄，就是遠走西方，仰人鼻息，甚或被迫從台灣二次移民，香港的荒誕劇演成個人悲劇告終。

執筆行文之際，清潔工像打掃戰場一樣清理荒誕劇的舞台，犁庭掃穴之後，我們將會發現更多荒誕的、幼稚的出賣和被出賣的情節。

序

邵善波

　　2019 年發生在香港的黑暴事件，對任何關心香港、珍惜香港、生活在香港的人，都是重大的衝擊，對於長期參與了香港回歸工作的人，更是如此。發生的事令人感到痛心，我們不得不問：「為甚麼會這樣？」為甚麼一個長期被認為對政治冷感的社會，一個經歷了九七年回歸巨變而仍然表現得那麼鎮定、平靜的社會，會出現這樣的街頭暴動、政治動亂？王卓祺教授連同兩位年青學人的這本著作，嘗試回答這個問題。

　　三位作者嘗試從「公權力缺位」這理論高度去分析事件，並由此而引申到中西政治文化的差異、香港社會中西混雜的本質，以及回歸前後出現的「自由民主話語權」，和這話語權帶來的價值觀如何影響香港的政治生態，這對解釋 2019 年的政治風波，很有參考價值。最後，三位作者將這問題拉回到「一國兩制」的本質及意義，及其在香港的實施。本書所作的嘗試，很有野心，他們付出的努力，也是國家及香港都非常需要的。

　　2019 年事情的成因十分複雜，我們不能只將眼光釘在 2019 年發生的事，更不能只看修訂《逃犯條例》一事的來龍去脈，或者當時政府如何處理事情的手法。回顧歷史，香港開埠以來所發生過的類似事件，可能只有 1920 年代中的省港大罷工，及 1967

年的反英抗暴事件。但這兩件事件與 2019 年發生的事相比，複雜性及規模可能還顯得稍遜，要作比較的話並不容易。

黑暴事件現在可以說已成過去，但餘波未了，在香港如何維護國家安全，仍是我們要面對的問題。北京因為受到這次衝擊，對香港採取了果斷的行動，不單只主動制定了應用在香港的國家安全法，更大幅度調整了香港的選舉辦法，推出了「愛國者治港」的新政，從而遏制了反對力量欲通過選舉以奪取香港政權的渠道。中央亦調整了過去幾十年來處理香港事務的工作架構，將國務院港澳事務辦公室與作為前線機構的中央人民政府駐香港特別行政區聯絡辦公室一體化，強化了他們在香港事務上的執行力。這一連串的舉動，無論其結果是好是壞，都為香港回歸以來的政治生態帶來翻天覆地的變化。這些情況，對關注香港和公共事務的學者、政界人士、政府官員來說，都值得緊貼跟進及觀察，並予以分析、提出意見，以及如何應對的方法，這是香港回歸以來在新形勢下的新任務、新工作，即使認為香港應該是個經濟城市、不要成為政治城市，也不得不面對。王教授等的這本書，朝着這方向努力，既是個好開始，也為這項工作提供了理論參考。

敬致謝忱

　　本書實有賴同輩友好無私地分享彼等的識見及智慧，以及相關機構的襄助才得以完成及出版。我們諾謝同代人，但若沒有站在巨人的肩膀上，尤其是經典著作，便不可能做到知古鑑今；所以對古今智者要心存感恩。

　　我等先要感謝新範式基金會、香港中文大學香港亞太研究所及一國兩制研究中心的支持及襄助。還有大公文匯傳媒集團借出圖片；在文字之外，也能從影像看到反中動亂中荒誕的一面。人們的記憶往往是短暫，圖片影像更能保存歷史的原貌，較不容易在往後的歲月中被人隨意篡改。

　　我們十分感謝雷競璇及梁卓恩兩位博學之士對我等拙作的初稿提出中肯的批評及建議，幫助我們端正了着筆的取態。雷競璇兄還對最後的書稿做了出色的編輯工作；香港亞太研究所尹寶珊更為書稿校對及排版。當然，書稿論述及文字的錯失最終責任還在作者。關永圻兄一直幫助我們聯繫出版及發行，也對他的協助表達感謝。

　　2020 年初開始，三位作者便走在一起計劃撰寫這本書，我們於 2022 年二、三月間完成初稿，2023 年初定稿。在這兩三年間的撰寫過程中，我們得到多位好友的指正；除了雷、梁兩人外，還包括施林海，他還潤飾部分章節的文字。邵善波、劉江華、何文瀚及早前離世的古兆申諸兄均有豐富政治識見；彼等正面的評

價,得之不易,十分感謝。中國社會科學院政治學研究所史衛民老師認為本書對港澳決策官員及專家學者均有參考價值;我們感謝他的鼓勵。

為本書作序有全國政協副主席、前香港特區行政長官梁振英,及原香港特區政府中央政策組首席顧問、新範式基金會總裁邵善波。我們深感榮幸及感激。

有人認為公元前 800 至 200 年的六百年為軸心時代或年代,這期間出現了古代中國、古印度、古希臘等文明思想及哲學的突破——當時的智者如古希臘的蘇格拉底、柏拉圖、亞里士多德,古印度的釋迦牟尼,中國的孔子、老子、荀子,開始用理智及道德的方式理解世界,發現自我提升,超越個體,並提出人類普遍的原則和價值。那個時代所形成的智慧及哲學至今仍然具有「軸心」般吸引力,至今還沒過時。

對本書有直接啟示是政治哲學及制度的道德根源問題。例如中國的《禮運》記錄孔子與弟子的對答,其中「天下為公,選賢與能」,與古希臘柏拉圖《理想國》及其學生亞里士多德《政治學》中提出政制優劣在於統治者是否有德性、為大多數人利益服務,何其相似。還有當我們「重返」兩百多年前美國立國國父撰寫的《聯邦黨人文集》,辯論如何避免古希臘由大多數人行使統治權的民主政體的禍害,而將民主改頭換臉,變為由少數人統治的代議政制;我等更清楚政治的本質根源不在程序,而在賢能。還有值得諮謝的經典是十七世紀中葉,由英國人托馬斯‧霍布斯撰寫的《利維坦》一書,也是本書的主題概念。

閱覽經典,不論東西方,才能分辨智慧與愚昧。不諮謝經典,不能也!

導言

為甚麼寫這本書？

　　2014 年 9 月 26 日起，中國香港特別行政區發生了一場「佔中運動」，佔領行動歷時 79 天，過程中，示威者在 11 月 19 日凌晨暴力衝擊立法會大樓，其暴力程度就算不及五年後 2019 年 7 月 1 日回歸紀念日那次，民意亦自此明顯地對佔中運動不表支持，有民調顯示，近八成被訪者認為應暫停佔領。[1] 泛民主派政黨如民主黨及公民黨亦發表聲明，強烈譴責衝擊立法會大樓的行為，並呼籲支持者要和平、理性、非暴力。[2] 事隔四、五年後，香港的政治、經濟及民生並沒有發生多大變化，政府也沒有甚麼腐敗現象，社會更非甚麼「亂世」，但是，香港這個本來算以務實見稱的中國人社會卻出現深刻改變，主流社會對非法集會、暴動者擲磚、放火、打人等所謂「勇武」行動無動於衷，姑息放任，泛民主派更成為街頭暴徒的支持者。相反地，贊成和平、理性及非暴力的聲音反而成了少數，並被反對派指斥為維護建制的「保

---

1. 〈港大民調：近 8 成被訪者認為應停止佔領〉，無綫新聞，2014 年 11 月 20 日。
2. 〈香港各方齊聲譴責示威者衝擊立法會〉，BBC News 中文，2014 年 11 月 19 日。

2019 年 11 月 17 日，圍堵香港理工大學，警方與示威者在漆咸道、柯士甸道攻防戰（文匯報攝）

守」力量。社會陷入如此狂熱的心理狀態，這不免令人對香港社會的性質產生懷疑，不得不好好思考一下，究竟香港這個歷來講求妥協、務實及不走極端的中國人社會，是甚麼因素導致那麼多的香港人變得偏激？

由 2019 年 6 月 12 日開始的動亂，至 2020 年 6 月 30 日《中華人民共和國香港特別行政區維護國家安全法》（下稱《香港國安法》）生效方算停止，在這期間，穿着黑衣、戴上黑色面罩的示威者及暴動者，進行示威，與警方不斷發生衝突。沒有甚麼人能夠想到，香港這個世界聞名的東方之珠，以及回歸後繁榮依舊的特別行政區，居然陷入如此嚴重、規模龐大的政治動亂，更冒出了港獨分離分子，他們的立場本來與號稱「反共不反中」的傳統泛民主派截然不同，但後者卻居然不願割席，反而予以支持，

高唱出「兄弟爬山、各自努力」的口號。反共者與反中者形成同一陣線，以為藉着街頭暴力及外部勢力之介入，便可推翻他們口中的「中共」政權。

從國際關係研究的博弈角度來看，2018 年初美國對中國發動貿易戰，中國從容面對，與之抗衡，沒有動搖，看到這情況，為何泛民主派人士卻以為與暴動分子聯手，就可以扳倒中國、或者推倒中國轄下的香港特區政府呢？不過，有些情況也實在令人費解，例如特區政府有約三萬名訓練有素的警員，2005 年他們應付約四千名南韓農民及其他示威者在香港因反對世界貿易組織會議而引起的騷動時，表現出色；但是，到了 2019 年，蒙面暴徒在七一回歸日衝擊立法會大樓，行動持續幾小時，守衛的警員卻自動撤退，讓暴動者在大樓內大肆破壞。

2019 年的香港社會，明顯地陷入一種狂熱狀態，和西方早期政治哲學家霍布斯（Thomas Hobbes，1588–1679）所說的「自然狀態」頗有相似之處。在《利維坦》（*Leviathan*）一書中，霍布斯指出，人類社會還未進入利用規則及權力解決紛爭的時期之前，經歷了一種以「叢林法則」為指導的「自然狀態」，政府不存在，公共權力也不存在。[3] 2019 年的香港就陷入這樣的狀態，一方面是狂熱想像引發出種種暴力行為，連續不斷，另一方面則是握有公權力的執政者忍辱退讓，無所作為。這可說是香港前所未有的極特殊現象，直到《香港國安法》生效，局面才得到控制。對於這一段前所未有、驚心動魄的歷程，我們必須認真回顧，深入思考，好好總結。

---

3. 托馬斯・霍布斯（Thomas Hobbes）著，黎思復、黎廷弼譯：《利維坦》（北京：商務印書館，2019）。（原作首版年：1651）

　　本書認為修例風波演變為反中動亂是一場失敗的顏色革命，目的是要在香港建立親美或親西方的政權。2019年的反中動亂聲勢浩大，更得到國際上不少支援，但最終也是以失敗收場。其原因，在於香港的公權力具有一種二重性，即分為特區本身和中央政府兩個層次。特區層次的公權力雖然長期被弱化，在2019年時無力應對，但中央政府的公權力穩固存在，絲毫不動搖，不會也不可能讓反中動亂得逞；結果，中央一出手，反中動亂便成為一場失敗的顏色革命。對此，我們將在本書的第八章「修例風波如何演變成反中動亂」中加以論證。

　　香港本來是個務實、不走極端的中國人社會，何以在2014至2019短短的四、五年間，對種種「勇武」行動變成如此容忍、不予抗拒呢？這是否與「一國兩制」的設計及實踐中存在的問題有關呢？1980、1990年代當香港面對主權回歸時，社會上仍然彌漫着一股深刻的恐共反共氣氛，為了保持香港的繁榮穩定，中央提出「一國兩制」此一對香港而言非常寬鬆的政策，但「一國兩制」的底線也非常清楚，此即必須保持領土完整，絕不容許分裂國家。但20多年後，卻冒出了一場以「本土」為名，實質為「港獨」的反中動亂，觸犯了「一國兩制」的底線，到如此地步，中央不得不出手平亂。故此，本書希望透過回顧和分析反中動亂這政治事件，深入探討及反思「一國兩制」所涉及的理論及實踐問題。

香港：從民主運動到反中動亂

　　香港的民主運動始於1980年代，由一些社會及政治團體領頭，如香港教育專業人員協會（下稱教協）、香港專上學生聯會

（下稱學聯）、滙點、香港民主民生協進會（下稱民協）、太平山學會等，以爭取在當時的立法局選舉中加入直選議員為目標。這些團體被籠統地稱為民主派，所追求的目標也被稱為民主運動。1989 年發生的天安門事件（或稱「六四」事件），改變了香港民主派與北京中央政府的關係，原來的「民主回歸」政治路線，被「民主抗共」路線所取代。「民主抗共」的主要主張，是發展開放式競爭性選舉，以之抵抗共產黨執政的中央政府。這意味着香港民主運動的目標和行動，已超越特區的範圍，「民主抗共」意味着抗衡中央政府。

香港回歸後，民主運動的領導權有所變化，支持「平反六四、結束一黨專政」的民主黨及其關係密切的教協及香港市民支援愛國民主運動聯合會（下稱支聯會），成為主要力量，抗衡中央，也就愈趨明顯。但是，民主派所採用的行動策略，還是聚焦在本地議會，尋求擴大直選議席，佔據更多的議席，而「平反六四」的口號和與之配合的街頭活動，則作為輔助，所用手法，還是基於「和平、理性、非暴力」，即後來被激進本土派標籤的「和理非」。

2012 年出現反對國民教育事件（下稱反國教事件），領導力量是香港回歸前後成長的青年新世代，這事件標誌着香港民主運動加入了反對中國及本土主義的內涵，對中國共產黨表現出深深的怨恨。但是，還未公開宣揚港獨主張。到了 2014 年的佔中運動，港獨主張也沒有公然提出，表面的目標還是追求更大的普選權。到了這個時期的民主運動，其領導權已經逐漸轉移至新世代手中，包括民主黨在內的政治團體，在議會中的議席也逐漸由行事激進的年輕成員獲得；在 2012 年反國教事件及 2014 年佔中運動中，激進的青年組織學民思潮及學聯明顯處於領導位置，民

主派政黨如民主黨及公民黨則扮演着配合的角色。這個時候，由於激進的小型政團湧現，為了整合力量，民主派也擴大範圍，成為了「泛民主派」，在這之前主張「勇武抗爭」的激進團體社會民主連線、人民力量等，亦在泛民主派之內。這是民主運動光譜的擴闊，也反映了民主運動從和理非到激進化的歷程。

2016 年發生旺角暴動騷亂，由本土派激進團體本土民主前線發動，表面上是要維護香港的本土利益如小販的擺賣權，但實際是推動港獨分離主義。這場騷亂，為 2019 年的反中動亂打下了基礎，香港的民主運動，也就公然地走上了港獨的分離主義路線。上述的發展和變化歷程，正是本書希望探討的問題。

相關文獻與詞彙

本書以較為中性的詞彙形容反中動亂的人與事。為求清晰，對於 2019 年爆發的反政府示威，本書將整個事件稱作修例風波。2019 年 3 月開始，反對派發起其稱為「反修例」的運動，目標是要求特區政府撤回《2019 年逃犯及刑事事宜相互法律協助法例（修訂）條例草案》（下稱《逃犯條例》）。若真的是「反修例」，則目標較為單一和單純，但是，運動的訴求又加入政制改革、反對特區及中央政府等更為廣泛又激烈的目標，故此，應將事件概括為修例風波；況且，當 6 月 15 日行政長官林鄭月娥宣布暫緩修例，反對修例的目的已達到，運動理應完結。但事實上，運動卻改為追求「民主改革」及反極權等政治性目標；所以我們將之通稱為修例風波。7 月 1 日，示威者衝破警方在立法會大樓設立的防線，隨之佔領大樓，入內將特區區徽塗污，並寫上港獨口號及宣言，清楚表示出示威者港獨分離主義的政治立場。到了

7 月 21 日，示威者集結在西環中央人民政府駐香港特別行政區聯絡辦公室（下稱中聯辦），在外牆寫上反華口號，並塗污國徽，這就進一步顯示，修例風波在性質上已經變為由港獨分離主義分子帶領的反中政治運動，它的行動方式是在街頭及商場等公眾地方與警方對峙，進行暴動。基於修例風波在 7 月已經變化成以暴動為方式，以反中為目標，因而本書稱之為「反中動亂」。

對於 2019 年的事件，有若干學術論文或書籍予以討論，既有以中文發表者，也有以英文發表者，對於如何稱呼這場運動，這些論文用詞很有分別，帶有強烈的政治立場。內地專家和學者如郝鐵川、陳若曦稱之為「顏色革命」，[4] 段儀姿則稱之為與外部反共反華勢力共謀，並變質為衝擊「一國兩制」底線的「社會暴亂」。[5] 但發表於台灣的文章或書籍，包括由香港學者李立峯及馬嶽執筆者，用語則突出「民主改革」、「反威權運動」、「爭取普選的全民運動」、反對「警察暴力」[6] 或「反抗的共同體」。[7] 在香港出版的相關書籍，我們看到的只有兩本，其一由張炳良撰

4. 郝鐵川：〈論《香港國安法》的性質、成因、特點和意義〉，《海峽法學》，2020 年第 4 期，頁 41–52；陳若曦：〈防範「顏色革命」視角下香港修例風波研究〉（中國人民公安大學碩士論文，2021）。

5. 段儀姿：〈內地與香港媒體在修例風波中的報道框架分析〉（外交學院碩士論文，2020）。

6. 李立峯：〈後真相時代的社會運動、媒體、和資訊政治：香港反修例運動的經驗〉，《中華傳播學刊》，第 37 期（2020 年 6 月），頁 4；袁瑋熙、鄧鍵一、李立峯、鄭煒：〈示威現場：香港反修例運動的現場調查方法〉，《台灣社會學》，第 38 期（2019 年 12 月），頁 163。

7. 馬嶽：《反抗的共同體：二〇一九香港反送中運動》（台北：左岸文化，2020）。

寫，主題不是直接針對「反修例」運動或「反送中」抗爭，而是在中央通過《香港國安法》和《2021年完善選舉制度（綜合修訂）條例》後，對「香港2020年政局反思」，其政治立場並不明顯，張炳良在書中將「反修例」或「反送中」加上括號，以示中立。[8]另外一本是由李立峯編輯的《時代的行動者：反修例運動群像》。上文已提及，李立峯的用詞是反映反對派的政治立場，他在為這本書作宣傳時，更十分坦率地表示：

> 一場運動的命名，往往附帶着作者對運動的判斷和理解，又或者顯示着作者希望強調的地方。2019年的運動，曾被稱為反修例運動、反送中運動、自由之夏、反威權運動、逆權運動、流水革命等，當然也有媒體稱之為暴亂、黑暴，中國政府官員說過它有顏色革命的特徵。本書的書名及筆者個人仍用反修例運動，但其他作者可根據文章需要或自己的判斷使用其他名稱。[9]

至於為數不多的英文文獻，不難估計，是從西方立場出發的，例如李立峯等華裔學者撰寫的英文文獻，便使用上了「香港的起義夏季」（Hong Kong's Summer of Uprising）一詞。[10] 其他學

---

8. 張炳良：《二次過渡 —— 香港2020政局反思：危機與前路》（香港：中華書局，2021）。

9. 李立峯編：《時代的行動者：反修例運動群像》（香港：牛津大學出版社，2021）。該書簡介取自 https://www.oupchina.com.hk/zh/general-interest/humanities/9789888747955。

10. Francis L. F. Lee, Samson Yuen, Gary Tang and Edmund W. Cheng, "Hong Kong's Summer of Uprising: From Anti-Extradiction to Anti-Authoritarian Protests," *The China Review*, Vol. 19, no. 4 (2019): pp. 1–32.

者也普遍用「反修例運動」或「反修例示威」的稱謂，如烏爾曼
（Aleksandra Urman）等歌頌示威者的抗爭技巧，包括在運動中
善用 Telegram；[11] 普布里克（Martin Purbrick）則稱讚示威者利
用網上網下的創新性抗爭手段，這將會成為全球社會運動及示威
的革命性工具箱；[12] 何必（Heike Holbig）以示威者利用「流水」
（be water）的遊擊戰術，反抗「愈來愈複雜的威權監控」。[13]
我們搜索所得的英文文獻中，唯一例外的是由香港學者劉兆佳撰
寫的文章，劉兆佳專題討論 2020 年頒布的《香港國安法》，指
出這是為鎮壓這場香港暴亂的特定立法，並對之作出十分正面的
評估，即《香港國安法》會為香港的長期穩定打下堅實的政治及
社會基礎。[14]

　　上引的中西文獻，反映一個現象，就是對運動的命名及對
其內容的描述，都源於作者自己的政治立場。就這一點而言，兩
位內地學者王國鳳及馬雪芹對《中國日報》及《紐約時報》的比
較分析值得一提，2019 至 2020 年發生於香港的示威，其參加者
究竟是違法的暴徒，抑或是追求民主的示威者呢？他們的結論是

---

11. Aleksandra Urman, Justin C. T. Ho and Stefan Katz, "Analyzing Protest Mobilization on Telegram: The Case of 2019 Anti-Extradiction Bill Movement in Hong Kong," *PLoS One*, Vol. 16, no. 10 (2021): e0256675.

12. Martin Purbrick, "A Report of the 2019 Hong Kong Protests," *Asian Affairs*, Vol. 50, no. 4 (2019): pp. 465–487.

13. Heike Holbig, "Be Water, My Friend: Hong Kong's 2019 Anti-Extradiction Protests," *International Journal of Sociology*, Vol. 50, no. 4 (2020): pp. 325–337.

14. Siu-kai Lau, "The National Security Law: Political and Social Effects on the Governance of the Hong Kong Special Administrative Region," *Public Administration and Policy*, Vol. 24, no. 3 (2021): pp. 234–240.

《紐約時報》已偏離西方媒
體自十九世紀以來的專業規
範，而跟隨中國「政治為先」
的做法。[15] 其實，說西方傳
媒有信守政治中立的專業規
範，不完全正確，例如美國
的《紐約時報》和《華盛頓
郵報》便經常被指為「民主
黨大報」，這個評語是美國
聯邦法官西爾伯曼（Laurence
Silberman）在審理一宗案件
時提出的。[16]

2019 年 12 月 8 日，民陣國際人權
日集會遊行示威期間，有黑衣人
向終審法院投擲汽油彈（文匯報
攝）

　　本書命名為《從修例風
波到反中動亂》，因為我們
看到這個運動性質的轉變，
因而以其過程命名，自問尚
算客觀。從已見文獻來看，除了內地的學者，鮮有以「反中動
亂」描述及命名這一件發生於香港的重大歷史事件。內地學者主
要從「顏色革命」視角來解釋這事件，或把焦點放在暴動過程，
對運動性質轉變的過程和成因，罕有觸及。本書可說是填補這些

15. Guofeng Wang and Xueqin Ma, "Were They Illegal Rioters or Pro-democracy Protestors? Examining the 2019–20 Hong Kong Protests in *China Daily* and *The New York Times*," *Critical Arts: A South-North Journal of Cultural and Media Studies*, Vol. 35, no. 2 (2021): p. 85.
16. Celine Castronuovo, "Federal Judge Accuses NY Times, WaPo of Being 'Democratic Party Broadsheets'," The Hill, 20 March 2021.

空際，嘗試成為較為嚴謹的學術著作，提供較完整的理論框架，論證一場以反對法例修訂開始的普通示威，為何及如何演變成為一場反中亂港的暴動。

對於參與合法或非法示威的遊行人士，本書將他們通稱為示威者，但對於訴諸暴力的部分示威者（暴力行為包括衝擊警方防線、擲磚頭、鐵枝及汽油彈等，或「私了」[行私刑]不同政見者），本書便將其改稱為暴動者，後者在示威中的違法行為，在任何法律領域都會界定為暴亂。當他們被捕及被控於法庭，也大都承認觸犯暴動罪，並向法官求情。我們棄用「暴徒」及「抗爭者」等名詞，是避免措詞令讀者對本書內容產生偏好或偏見。

對這場動亂的五點基本觀察

在參考了大量資料並經過深入討論，我們進入漫長的寫作過程，期間繼續思考，對於以反對條例修訂草案的修例風波開始，逐漸轉化為反中動亂的這場運動，我們有以下五點基本觀察。

首先，這純粹是一宗政治事件，而非爭取民生的社會運動。其目的由當初的反對修訂《逃犯條例》，演變成反對中國的動亂，所反對的不只是由中國共產黨執政的中華人民共和國，還包括中華民族。運動的參與者背景龐雜，社會基層的勞動階級不是主導力量，行動的地點主要是人群容易聚集的繁盛街道、商場，以及象徵政權的政府建築物特別是警署，明顯是為了吸引及聚集人群而刻意選擇這些地點製造暴動。我們不妨回顧一下當時香港社會的狀況，2012年，梁振英政府上任，之前一度流行的「地產霸權」口號，已經基本消失。與其他國際大都會比較，香港的貧窮及貧富懸殊問題並不特別嚴重，以分配前的堅尼系數為例，美國紐約

及波士頓同是 0.54，洛杉磯是 0.53，與香港差不多。[17] 不要忘記，香港有四成半人口住在公營租住房屋和資助自置居所房屋，[18] 這其實是一種「社會工資」，可以彌補職業市場工資的不足，即使是美國的大城市，也沒有這類照顧低下階層的公共福利。此外，香港還有普及醫療及 12 年免費教育，這令市民的基本需要得到保障。所以，就算香港存在貧窮問題，亦只是富裕社會之相對貧窮現象而已。這樣的社會環境，較難引發集體抗爭或暴動。

其次，這場動亂是舶來品，與中國近代百年經歷國恥的經驗脫節。今天的中國，已從鴉片戰爭的民族恥辱走了出來，從毛澤東時代的「站起來」，鄧小平時代的「富起來」，到習近平時代的「強起來」，其歷史涵義是找回失落的民族自信，包括制度及文化自信，這是大勢所趨。然而，發生於香港的這場動亂卻不但要求政治上的全盤西化即奉行西方民主選舉政治，還要將香港從中國分離出來。從我們的認識來看，這顯然是違反歷史規律，是開歷史的倒車。

其三，這場動亂顯然與中國文化格格不入，不懂得妥協。整個事件呈現出西方文化中那種被史賓格勒（Oswald Spengler，1880–1936）稱之為浮士德型人物的狂熱與衝動，欠缺中國文化之溫和、兼容、實務和妥協。在史賓格勒筆下，西方人要求其他人「如何」（thou shalt），即是從「道德」、「應該如此」出發，認為有普遍而永恆的真理存在。[19] 從這一點看，暴動者可以被歸

---

17. 王卓祺：〈香港貧窮及貧富懸殊問題：貧窮線的比較視角〉，《明報》，2018 年 8 月 17 日，第 A30 版。

18. 政府統計處：《2021 年人口普查：主要結果》（香港：政府統計處，2022），頁 260。

19. 史賓格勒（Oswald Spengler）著，陳曉林譯：《西方的沒落》（台北：桂冠圖書，1992），頁 233–238。（原作首版年：1918）

類為浮士德型人物，而且是劣質的；他們相信「普選」就是真理，是「應該如此」之事，「五大訴求、缺一不可」，即使政府滿足了其最初要求，撤回了條例草案，但暴動者也不「收貨」。這種貪得無厭的態度，與中國文化迥異，卻相當符合西方文化中「應該如此」的浮士德型人物特徵。

其四，這場動亂帶有很強烈的流氓氣息。暴動者言語粗鄙不堪，動輒粗言穢語相向，就算是大學生，也是如此，一點也不像是有教養、有遠大政治抱負的革命者。他們很可能自以為處於霍布斯所形容的「一切人對一切人戰爭」的「自然狀態」，無須節制。

最後，這場動亂猶如兩種現實的對碰，一種是暴動者及其支持者認為香港是亂世，執法者是「黑警」；他們甚至認定「黑警」強姦和濫殺和平示威者及「抗爭者」，對這些指責，他們提不出甚麼證據，但不斷重複，希望謊言變為真實；另一種現實是其他社會成員所見到的，即香港並非甚麼亂世，警察是執行其除暴安良的職責，沒有甚麼「黑警」問題。在這樣的對比下，令人想起「意識形態」這概念，即馬克思（Karl Marx，1818–1883）所指的「虛假意識」（false consciousness）。新馬克思主義理論家阿爾都塞（Louis Althusser）對此有一個精闢的定義：「意識形態代表了個人與其真實存在狀況的想像關係」。[20] 簡單來說，所謂「亂世」的「現實」，是暴動者及其同路人虛構、想像出來的。

綜合這五點觀察，可見暴動者是處於一種狂熱的心理狀態，既無視中國百年國恥的歷史記憶，亦缺乏中國固有文化的薰陶，只是相信自己的政治主張，認為是普世的，要求政府及社會「應

20. Louis Althusser, *Lenin and Philosophy and Other Essays* (London: New Left Books, 1971), p. 149.

該如此」。可惜，香港、中國及世界的真實狀況並非這樣，現實
與他們的想像並不相同，因此，以執着於意識形態來形容暴動者
及其同路人的思維及觀念，我們認為是恰當的。

歷史觀、文化及意識形態三個元素

上述的五點觀察，亦可歸納於三個元素，即歷史觀、文化及
意識形態。

從字義來說，歷史即過去發生的事件，是人類對自身所處
社會過去發生重要事件的記錄。中國自商朝以來，有三千多年連
續文字紀錄的歷史；中國人對自身民族過去發生的事件有濃厚的
興趣，相信史可為鑑，讀歷史能知興替。歷史事件不會為自己說
話；是由人加以解釋，根據歷史事實作出解釋，便是歷史觀。哲
學家趙汀陽認為，歷史觀對國家民族的存亡，關係重大，因為
歷史的敘述及解釋建構了國家民族的共同記憶，形成共同的身
分認同，是國家民族共同體的精神支柱。[21] 他引述了清代龔自珍
（1792–1841）「滅人之國，必先去其史」的名言，認為足可為鑑。

至於文化，是指特定族群的生活方式。聯合國教育、科學及
文化組織（下稱聯合國教科文組織）定義文化，除了是文學和藝
術外，還包括生活方式、共處方式、價值觀系統、傳統和信仰。[22]
國學大師梁漱溟（1893–1988）認為，文化是人類生活的「樣法」，

---

21. 趙汀陽：〈歷史觀：一種文化還是一種知識？〉，愛思想，2017 年 6
月 26 日。
22. 聯合國教育、科學及文化組織：《大會記錄，第三十一屆會議，巴黎，
2001 年 10 月 15 日–11 月 3 日：第一卷 — 決議》（巴黎：聯合國教育、
科學及文化組織，2002），頁 79。

即解決問題的方法及用力所在。[23] 梁漱溟的定義比較聚焦於面對問題的應對方法。

　　然後是意識形態，這是指觀念的集合，可將之理解為一種對現實的想像角度和方法。它可以有不同的類型，如政治、社會、倫理等。馬克思認為意識形態屬於「上層建築」，在宗教、法律及政治制度之上，但意識形態也有一種虛假性質，會扭曲人們對現實的認識，以之符合統治階級的利益。上文提及阿爾都塞對意識形態的定義，認為是個人與其真實存在狀況的一種想像關係。這個定義的重點，在於指出個人因本身的觀念而將現實扭曲，令之符合自己對現實存在的想像。在中國傳統政治中，沒有意識形態這個詞彙，這是西方在十八世紀才出現的概念。馬克思用虛假意識來描述意識形態，揭示了意識形態具有扭曲和顛倒現實的特徵。舉例說，在奴隸社會，奴隸服從奴隸主被認為是天經地義，這是人們意識的一部分。意識形態的影響可說是無遠弗屆，我們不自覺地被影響。再舉一個例子，從 2014 年起，美國在中東的伊拉克、敘利亞和阿富汗進行了數年軍事行動，因情報及監察出錯，誤殺了約 1,600 名平民。但美國主流的報章如《紐約時報》卻只追究情報錯誤，對誤殺平民則輕輕帶過。[24] 這樣的行徑若出於美國的對手，可以肯定，美國的報章或西方的媒體會將之定性為戰爭罪行，並要求政府對之展開制裁。美國主流媒體的表現，背後反映了「美利堅治世」（Pax Americana）的意識形態，相信

23. 梁漱溟：《東西文化及其哲學（新訂版）》（北京：北京世紀文景文化傳播有限責任公司，2017），頁 61–62。

24. 〈《紐時》分析國防部 5400 頁文件　揭軍方敷衍塞責文化　美軍情報錯漏　誤殺中東逾千平民〉，《明報》，2021 年 12 月 20 日，第 A20 版。

自二戰之後世界享有的相對和平是由美國所主導，美軍「收拾」其他國家，也就被視為理所當然。

可以說，香港社會起碼有兩套並行的歷史觀，由日常生活方式衍生的價值觀及共處之道，以及對現實產生不同想像的意識形態。作為一個中、西文化交匯的國際城市，香港有不同的歷史觀、文化及意識形態，是正常的。但奇怪的是，在回歸已 20 多年後，衍生了這麼一場大規模的反中動亂，示威者及暴動者要求脫離中國母體，並以侮辱中國人的語言表達他們的訴求，這是令人不解的。如果從歷史觀、文化及意識形態作為切入點，能否解釋這場歷時約一年的反中動亂呢？

概括地說，暴動者及其同路人有一套中國是專制獨裁政治的歷史觀，無視或忽視中國歷代以民為本、選賢與能、平衡王權獨大的歷史事實。中華民族剛走出鴉片戰爭以來百年國恥的陰影，走上了民族復興的道路，不可能容忍港獨。其次，自 1997 年以來，香港文化上仍然維持舊有一套，並沒有與中國大陸母體的生活方式完全分割，他們對此似乎也沒有正視。要知道，文化認同是社會凝聚力中相當重要的成分，香港回歸後，特區政府沒有着力建立一套與內地連結的文化政策，導致香港特區居民與內地人民缺乏同一民族共同追求的生命理想和歷史情感。無論如何，1842 年香港被英國侵佔之後，儘管西方元素在各個方面無孔不入，但香港與內地在地緣、經濟貿易、歷史、文化等各方面仍然保持有形與無形的紐帶。在文化大革命（文革）期間，香港和台灣更成為承傳中華文化的兩個地區。即使香港人對「六四」事件反應強烈，但這也是出於國族之愛，而非反中心態。不過，這些香港與國家之間有形與無形的紐帶，好像敵不過中央對香港一些援助措施的「非計劃性效果」。像 2003 年香港爆發「沙士」疫

症後，中央為了拯救香港疲弱的消費市道，推出內地遊客的「自由行」政策，原意是刺激香港經濟，但由於缺乏配套和規劃，大量內地遊客「迫爆」香港，影響不少地區居民的生活，例如不少民生商舖改裝為服務內地人的金舖、藥店、高檔時裝店，導致商舖租金因此被抬高，影響了民生，於是做成了部分香港人對內地人產生不滿和敵意，後來一些極端分子更將內地人污衊為「蝗蟲」。這樣，一些香港人與內地人不但沒有共同的民族理想，而且在日常相處上出現了難以避免的隔閡及衝突。

意識形態亦加深了香港人與內地人的裂縫。眾所周知，香港戰後湧來大批對新中國共產政權懷有敵意或恐懼的難民。回歸後，反共的意識形態並沒有多少改變。有意思的是，為何新一代的社會及政治運動參加者不但反共，而且還反中呢？反共與反中兩者在修例風波轉化成反中動亂的過程中，界線愈來愈模糊。或許說，並沒有足夠分量的反共持分者站出來將兩者的界線弄清楚，以致反中意識主導了這場動亂，而泛民主派人士卻保持沉默，任由事情發酵和惡化。

這兩套並行的歷史觀、生活方式所形成的價值觀，令雙方對真實生存狀況的想像背道而馳，形成了不可調解的結構性矛盾。回歸 20 多年特別是「佔中」以來的四、五年，許多本來平和、持平的香港人在短短時間內被「勇武」分子改造成支援暴動之旁觀者或同路人，這實在值得深思！

北京大學教授強世功在其《中國香港：文化與政治的視野》一書的〈後記〉中表示，香港問題是理解中國的鑰匙，是近代中、西文化與政治的較量，但由於殖民統治的歷史背景，許多香港人懷有冷戰意識形態的政治偏見或西方中心主義的文化偏見，對於毛澤東及鄧小平從現代化思路在古老的中國進行史無前例的

改造，抱持「錯綜複雜的愛恨情仇」。他苦口婆心地勸告香港人要「對這些看不見的文化偏見或政治偏見有所反思，並能拋開狹隘的個人恩怨，從文明、民族和歷史的角度看待，……中國近代以來曲折的現代性探索。」[25]

強世功的慨嘆提供了理解香港問題的一個重要角度，就是要從中國看香港，而不是或不能只是從香港本位出發。自鴉片戰爭以來，香港便一直是中西文明較量的焦點地方之一。同樣地，我們要從西方看香港，如西方文化及政治的歷史沿革是怎樣的？今天的自由民主意識形態是怎樣的？這些角度有助我們去理解為何西方國家會一致地把香港的反中動亂視為一種反專制的西方民主化進程，並希望將其與台獨、疆獨連成一線，從而藉港版顏色革命推倒中共政權。

下文我們將概括地提出「利維坦公權力缺位」（absence of Leviathan）的現象，然後以「一國兩制」國家理論作為推論，以便對香港 2019 年的動亂作較深入的探討。

如何解釋反中動亂？

現象一：利維坦公權力缺位

2019 年 7 月 1 日是香港慶祝回歸 22 周年的紀念日，在這一天，立法會大樓被穿着黑衣及蒙面的暴動者持續攻擊幾小時後，一向訓練有素的香港警隊自動棄守，讓暴動者入內大肆破壞，跟

---

25. 強世功：《中國香港：文化與政治的視野》（香港：牛津大學出版社，2008），頁 192–193。

着引發一連串的非法集會及暴動，政府權威蕩然無存。霍布斯在
《利維坦》書中以利維坦代表國家的公權力，我們將之借用，將
香港 2019 年的情況稱為利維坦公權力缺位。但這利維坦公權力
缺位只是現象，背後反映的是「一國兩制」理論的演變，其中有
制度性因素，也有偶然性的個人因素，但不是由結構做成的。以
理論建構探討問題，好處是將凌亂的現象作有條理的梳理，進而
提出假設及推論，並予以驗證，並基於理論與實踐之間的差異，
提出改善的方法。

霍布斯將國家、主權者即公權力的擁有者稱為「利維坦」，
擁有絕對權力以維護國家內部安全及抗禦外部侵略。其理論之精
髓是人民讓渡權利，即透過社會契約，組成人為的政治共同體即
國家。然而，利維坦擁有的這種公權力，就算源於自下而上的授
權，亦一定要有令人懾服的絕對權力，若非如此，人們便重返「一
切人對一切人戰爭」的前政治「自然狀態」。利維坦公權力缺位
指公權力並不存在，國家失去令人懾服的權力；在這種「自然狀
態」下，沒有法律，亦沒有所謂公正與否的問題，暴力與欺詐成
為常態。（見本書第一章「為甚麼香港的動亂是因為利維坦公權
力缺位？」）

一般人對利維坦這概念可能感到陌生，但對於政治及法
律學者來說，這是經常被引用的經典概念，最近便有兩名西方
著名學者即艾塞默魯（Daron Acemoglu）及羅賓森（James A.
Robinson）出版了一本以利維坦為專題的著作，名為《自由的窄
廊：國家與社會如何決定自由的命運》（*The Narrow Corridor:
States, Societies, and the Fate of Liberty*），研究如何達成既有個

人自由，亦能擁有有效政府的理想方法。[26] 在內地，北京大學法律學者陳端洪亦以《利維坦》一書的「一切人對一切人戰爭」的「自然狀態」來闡述國家與安全的關係。[27]

更重要的是，《利維坦》一書奠定了西方自由主義「政教分離」的原則，也是國家權力從下而上的思想根源。要在香港爭取民主自由的人士，信念便是來自霍布斯《利維坦》關於個人自由權利讓渡與利維坦的社會契約概念。不過，他們若將民主自由當作「普世價值」，便應該認真學習這個概念，要「再啟蒙」一下！若能這樣，就不會人云亦云。本書深入探討利維坦公權力及其缺位，是有其深意的。

現象二：虛擬網絡廣場

我們提出「虛擬網絡廣場」的理論，是受到英國著名政治學及歷史學家芬納（Samuel E. Finer）的啟發，在他的巨著《統治史》（*The History of Government*）中有一個「廣場式政體」的概念。我們認為，2019 年香港的暴動者尤如置身於一個由互聯網形成的「虛擬廣場」，在受到煽動下，進行種種狂熱甚至荒誕的行動，促成了這場反中動亂。芬納所說的廣場式政體，廣場是指用作辯論和選舉的地方，廣場式政體的統治權力是由下向上授權，政制是開放的，而授權過程是通過選舉和類似的方式（如抽

---

26. 戴倫・艾塞默魯（Daron Acemoglu）、詹姆斯・羅賓森（James A. Robinson）著，劉道捷譯：《自由的窄廊：國家與社會如何決定自由的命運》（新北：衛城，2020）。（原作首版年：2019）

27. 陳端洪：〈國家安全與憲法〉，「二零二零年『國家憲法日』座談會」主題演講，2020 年 12 月 4 日，https://www.cmab.gov.hk/doc/tc/documents/constitution_day/speech3.pdf。

簽），定期產生。[28] 廣場式政體的特點，是選舉領袖或議決重大事情，在能夠容納民眾並讓他們辯論的廣場進行。由於這個原因，廣場式政體的特徵就是把演說發展成一門藝術和科學。但民眾並非特別明智，他們一般不具有辨別演說家命題真假的能力。因此，這個政體最為人詬病之處，便是民眾聚集在廣場議政時，往往被演說家（亦稱為「煽動家」，英文為 demagogue）所鼓動和被操控，作出損害集體利益的決定。[29] 因此這個政體亦容易變為暴民統治。著名的廣場式政體包括古希臘雅典城邦和中世紀義大利佛羅倫薩城邦等。政治學者亦稱之為古典的直接民主，即人民進行直接統治的政體，和現代的代議民主有別。這種廣場式政體直至百多年前都被西方政治家、學者認為是壞東西。[30]

到了 1940 年代，電台的出現令一些政治學者如熊彼特（Joseph Schumpeter，1883–1950）擔心群眾容易受到廣播的鼓動而進入狂熱狀態，使民主淪為與廣場式政體沒有分別的暴民政治。[31] 時至今日，如此的狂熱狀態由於社交媒體和互聯網而變本加厲，無法阻擋。2011 年中東發生「阿拉伯之春」，曾經在埃及透過互聯網參與推翻穆巴拉克政權的青年戈寧（Wael Ghonim）說：「如果想解放一個社會，只要有互聯網就夠了。」後來他移居美國，在一個視頻共用平台公開承認這種想法是錯

---

28. 塞繆爾‧E‧芬納（Samuel E. Finer）著，王震、馬百亮譯：《統治史》，卷一（上海：華東師範大學出版社，2014），頁 45。（原作首版年：1997）

29. 同上，頁 48。

30. 王紹光：《民主四講》（北京：三聯書店，2008），頁 69。

31. Joseph A. Schumpeter, *Capitalism, Socialism and Democracy* (London: George Allen and Unwin, 1952), pp. 256–262.

的，因為社交媒體「讓錯誤信息、謠言和仇恨言論的傳播，讓同類聲音的聚集變得更加容易。」他表示網上討論只是與意見相同者溝通（即「回音室」或一些香港人所稱的「圍爐取暖」），網上討論很快便將人們變成憤怒的暴民。他最後的結論是：「現在我認為，如果我們想解放社會，首先要解放互聯網。」[32]

在互聯網年代，民眾很容易受到煽動家的鼓動，進入一個狂熱狀態，形成類似廣場式政體的暴民政治。正如我們對這次反中動亂的觀察，該場運動帶有西方劣質的浮士德型人物的狂熱及衝動，網路及街頭上的暴動者滿口粗言穢語，一派流氓氣。在2012年的反國教事件，年青一代的反對派已經嶄露頭角；其組織形式是網上及網下相結合，以虛擬廣場鼓動群眾上街鬧事已成為一種有效的政治運動形式。2014年佔中運動失敗後，他們更走向港獨傾向的本土主義，與傳統民主派反共不反中的路線醞釀分離。網上的虛擬廣場成為「勇武抗爭」、鼓動港獨思潮的場所。

成因：「一國兩制」國家理論

中國提出的「一國兩制」，英文譯作「One Country, Two Systems」而非「One State, Two Systems」，為甚麼呢？對此，強世功認為 country 而非 state 並非誤譯，而是精確地把握中國政治語境中「一國兩制」思想的精髓。State 與 country 中文都可翻譯為「國家」，但前者即 state 是「依賴抽象制度建立起來的政治組織，更強調公民與國家政體之間的內在關係。」西方在十六、十七世紀才萌生這名詞，背後是人為建構的社會契約概念，而後

---

32. 湯馬斯・佛里曼（Thomas Friedman）：〈社交媒體是破壞者還是創造者？〉，紐約時報中文網，2016年2月16日。

者即 country 則是從自然領土、歷史、文化形成的「命運共同體」概念。[33]

霍布斯在《利維坦》一書，提出國家是人為的建構，是由個人將自然權利讓渡與國家代表的主權者——利維坦。這是由社會契約建構現代國家這政治思想的源頭。到了十八世紀末，美國在獨立戰爭後召開立憲大會及草擬成文憲法，可以說是現代國家（state）經由社會契約建構的最佳例證。

相對而言，country 一字指人民與其生長的自然領土之間一種由內在聯繫組成的共同體。這個內在聯繫有着歷史、文化、民族、宗教、傳統及情感的實質內容。西方近代興起的民族國家（nation-state），是一種均質化、非人格化、程序性和抽象性的政治機器，並抽空一切歷史和文化內涵。所以，西方的現代「國家」不是 country 而是 state。[34]

其實，現代國家即 state 與傳統國家即 country 並非對立。中國學者白彤東就認中國的周秦之變也是現代化的一種，先秦時代已經出現一些與西方早期「現代性國家」共通的特徵。他的理據有二，其一是春秋戰國封建制瓦解，金字塔式的封建結構變成了平面（平等）的主權國家結構；其二是人不會因血緣而天生不平等，這意味人不再是天生就有固定的職業，而是有了選擇的自由。中國周秦之際的變化與歐洲中世紀之後的現代化相比，根本性分別在於中國沒有西方個體性的現代性特質；而「春秋戰國時的中國有『天下共主』式的對自身文明的統一和連續的想像，

---

33. 強世功：《中國香港》，頁 130、136。
34. 同上，頁 131。

在秦漢兩代這種觀念又通過大一統的政治體系和諸如司馬遷 [前 145 或 135–不可考]《史記》這樣的歷史構建得以強化。」[35]

　　將上述對 country 與 state 的概念辨析，運用到以「一國兩制」國家理論來解釋香港的現象，至關重要。中國以「一國兩制」處理香港回歸，立足點與西方現代化理論迥異，「一國兩制」包含傳統國家即 country 的民族文化情感，這在「一國兩制」之下的中央對港政策得到清楚體現。

　　1980 年代初，當中、英就香港問題進行談判時，正值中、美關係好轉，此時鄧小平推動改革開放，收回香港治權就可以充分利用香港的資本主義優勢。基於中國傳統處理中央與邊疆關係的歷史經驗，中央政府可在單一制國家之下，容許香港特區擁有大於一般聯邦制國家地方政府的權力。[36] 但強世功指出，中央主體與特區邊陲亦應遵從傳統儒家倫理的差序格局原則，即邊疆的特區、少數民族地區應有服從中央主權權威的道德責任。破壞這種中央與邊陲 / 特區的政治倫理關係，會導致中央運用其實質主權權威，收回授權。[37] 香港特區前行政長官梁振英也指出，香港特區政府的高度自治權是中央的「額外」授權，遠高於單一制下的英國倫敦及聯邦制下美國紐約等大城市的自治權力。由於是「額外」授權，中央政府保留了對行政長官當選人的實質任命

---

35. 白彤東：〈作為現代政治哲學的先秦思想〉，搜狐，2022 年 3 月 18 日。

36. 例如，香港特區可以發行獨立貨幣、不用交稅予中央政府、有獨立審判權及終審權，還有獨立區旗、區徽，以至可以簽發特區護照、以中國香港名義加入國際組織等。

37. 強世功：《中國香港》，頁 153。

權。[38] 我們將「額外」加上括號，因為「一國兩制」的構思本有這種授予特區政府高度自治的權力，因要突出這個授權並不一般，所以用額外二字而已。

同樣地，基於這種 country 國家觀，回歸後頗長一段時期，中央採用放任的「不管就是管好」政策，對特區的地方權力建設，中央除了緊握駐軍權、外交權之外，連 1995 年英殖民地政府於撤退前撤銷的政治部亦沒有再設置，對於 1991 年引入的《香港人權法案條例》（下稱《人權法》）亦沒有刻意加以限制，此外，中央還容許特區政府自行為國家安全立法。在這種寬鬆情況下，利維坦公權力缺位便有了發生的可能。

中央政府由於承諾「一國兩制」的高度自治，不會輕易介入特區內部事務，除非政權出現覆亡危機。在這樣的背景下，特區政府既缺乏國安法的法律授權，即沒有專門的國安制度，以及配備的人手、資源及法律條文，又沒有政治部作為震懾工具。不過，香港特區並非「失敗國家」（failed state），利維坦公權力一直存在，例如《公安條例》賦予警方權力對非法集會採取行動，拘捕破壞治安的嫌疑分子。但維持一般治安的安全系統與由國安制度建立的系統並不一樣，李家超在擔任政務司司長時，將國安制度稱為「護土牆」，這護土牆如果不在，漏洞便暴露出來，外部勢力將藉此而不斷滲透，反對特區及中央政府的勢力便不斷壯大；加上虛擬網絡廣場的作用，群眾被互聯網煽動，結果局勢不

---

38. 〈梁振英：中央擁特首實質任命權　只談選舉不全面〉，文匯網，2017 年 2 月 27 日；〈梁振英：特首任命權在中央〉，文匯網，2021 年 1 月 25 日。

斷惡化，2019 年的修例風波便是在這樣的背景下爆發，並發展成反中動亂。

香港回歸後公權力被長期弱化，因而壯大了反共反中顛覆力量，這屬於制度層次的問題。我們還應認識另一個層次，這就是執行尤其是人的因素。例如，在沒有國安制度之下，若有果斷及有魄力的執法人員處理動亂，局勢亦不至於失控。當然，如果制度缺位，只有執行及人的因素，利維坦公權力亦不可能完全復位。我們的推論是，必須兩種構成元素同時並存，才能平息反中動亂，利維坦公權力才能完全復位。

無論如何，當反中動亂令香港陷入政權覆亡的危機時，利維坦以其絕對權力出動鎮壓機器，只是遲早之事。香港特區並非「紙糊利維坦」（paper Leviathan），自由派學者甚至把中國共產政權歸類為「專制利維坦」（despotic Leviathan），那麼，動亂只是利維坦公權力暫時缺失時的情境而已。

中西兩套政治傳統在香港的博弈

顯然，沒有一套簡單的理論可以全面及深入解釋 2019 至 2020 年發生在香港的反中動亂。若綜合上述三套理論，應可呈現出一個較有深度及時間維度的解釋。思考這場動亂，要宏觀地看到百多年前鴉片戰爭至二戰後冷戰意識形態之間的延續，也要微觀地觀察回歸後 20 多年特別是佔中運動以來四、五年間的變化。要看到在「一國兩制」理論中，「國家」一詞有兩種含意，即 country 與 state，其一具有歷史、文化、民族、宗教、傳統及情感的實質內容，另一則是抽空了歷史和文化、均質化的人為建構，是對公民與國家的自然權利訴求。但是，若沒有互聯網虛擬

廣場式政體的發酵，也不大可能出現類似霍布斯所形容的「一切人對一切人戰爭」，即前政治「自然狀態」，也不可能最終演變成荒誕劇，修例風波有可能還是「和平、理性、非暴力」民主運動的延續。然而「一國兩制」的高度自治，中央對香港特區的「額外」授權，加上原本港英年代的國安體制「護土牆」在回歸前被掏空，包括選舉令反對主權的敵對分子進入權力機關，結果是壯大了反對派力量，弱化了特區政府維護國家安全的能力及警覺性。如果加上落實層次包括執行者的決心和能力的問題，利維坦公權力的暫時缺位便難以避免，問題只在於失控程度如何！

那麼，哪一套解釋最重要呢？就 2019 年的動亂而言，利維坦公權力缺位是決定性的，廣場式政體只是催化劑，是加速了政治動員的速度及深度，今天的廣場式政體，是以虛擬形式出現，人們做出種種匪夷所思的荒誕行為，相信種種荒誕的言論，表現出廣場式政體的暴民統治。而決定性的因素，是回歸後公權力的長期被弱化。

駐港中央大員、首任中聯辦主任姜恩柱說過，香港是一本很難讀懂的書。其實，要讀懂香港這本書，不應單看香港，要結合中國及西方現代政治哲學來觀察。這正是本書採取的做法。霍布斯筆下的利維坦是個憑空建構、手握絕對權力的主權者，對於理解香港 2019 年的局面，這概念是極好的切入點。在霍布斯的時代，歐洲處於從中世紀（476–1453）進入現代社會的轉折階段，宗教戰爭的災難性影響仍然揮之不去。霍布斯對中世紀神權恨之入骨，是當時的政教分離倡議者之一，認為國家是「必須之惡」，最佳的方法是使之中立化，不相信歐洲古典時期通過國家追求至善的所謂美德。他思考的辦法，是將國家的建立回到虛構的前政治、前宗教「自然狀態」，試圖徹底擺脫宗教的束縛和控制。這

樣，國家以利維坦代表的主權者，便只是接受人民讓渡權力的受託者；國家就變成中立，就算擁有絕對權力，也沒有甚麼宗教形而上學的內涵。這樣，便能夠擺脫宗教對政治的干預。宗教所以能夠干預政治，是由於大多數人恐懼地獄和死後的懲罰，當政治和宗教衝突時，人們會選擇站在宗教一邊，這樣，代表上帝的基督教會便可以肆無忌憚地干涉世俗政治，例如設立教會法庭審理世俗案件，煽動基督教徒對抗世俗統治者；並使歐洲國家於十四至十七世紀期間陷入了血腥及殘酷的宗教戰爭，如 1337 至 1453 年的百年戰爭，1618 至 1648 年的 30 年戰爭。

霍布斯以利維坦建構的現代國家理論，也奠定西方自由主義「政教分離」的原則。利維坦擁有絕對權力，但其權力來源是從下而上，這種下了後來由法國大革命發展出來的現代民權及民主思想。對利維坦現代國家絕對權力，我們需要辨證地理解，它建構的基礎是主權在民，這正是自由主義的來源，一方面是恐懼國家權力，但同時又需要一個受託而中立的權力機關以外防侵略、內控叛亂。

政教分離是西方現代政治的起點，而中國的政治傳統卻另有一套。中國先秦時代已經發展出一套基於本身歷史、文化、地理等條件而富有內涵的政治傳統，恰恰與霍布斯的政教分離、國家是中立的受託者的觀念迥異。在民國的共和制之前，中國自周秦兩朝下來，三千多年來都實行君主制，但卻開放政權與賢能之士共同治理（見本書第三章「西方話語虛構的東方專制主義」一節，尤其是義大利傳教士利瑪竇 [Matteo Ricci，1552–1610] 在明神宗朝的觀察），其背後的治國理念，從君主到士大夫，均以以民為本作為政治理想。中國最早的政治典籍是《尚書》，匯集了先秦時代的政事文獻，其中〈五子之歌〉便說：「民可近，不可下；

民惟邦本，本固邦寧。」《道德經》亦云：「聖人無常心，以百姓心為心。」《孟子》更有「民為貴，社稷次之，君為輕」的政治主張。先秦之後，中國歷代仍然秉承以民為本的政治道德倫理；例如明代莊元臣（1560–1609）《叔苴子外篇》指出，為政之道是親近人民：「君必自附其民，而後民附之；君必自離其民，而後民離之。」

　　這種民本思想至今仍然是現代化中國政治道德傳統的一部分，例如習近平主席便不止一次引述明代張居正的治政之道：「致理之要，惟在於安民，安民之道，在察其疾苦」，以之勉勵官員要知道民間疾苦。[39] 所以中國共產黨自毛澤東起，都十分重視調查研究，有所謂「沒有調查，沒有發言權」，即要深入人民群眾，把客觀事實搞清楚，從中找出解決民生疾苦的方法。總而言之，中國政治傳統不可籠統地用「專制獨裁」來概括，忽視了其背後的政治倫理學說。

　　在修例風波中，示威者及暴動者有所謂「五大訴求」，其中的「雙普選」（即普選行政長官及立法會全部議席）被視作最為重要，訴求的根源，其實離不開霍布斯的利維坦國家學說，但他們忽略了中國自先秦至今的民本思想政治倫理。香港回歸後，處於兩套不同政治傳統的夾縫之中，泛民主派從1989年「六四」事件後，不斷將中共政權抹黑、妖魔化，將新中國的歷史定格於「六四」，是一種斷裂的歷史觀（見本書第三章「斷裂的歷史觀及國家與社會的對立關係」一節）。在香港，由於種種原因，中國的一套政治道德傳統處於弱勢地位，反而西方的一套論說，就

---

39. 〈博通經史　精釋用典：讀《習近平用典》一書的典故釋義〉，人民網，2015年3月27日。

算是近 40 年已陷入危機的民主制度，卻被相當一部分香港人奉
為圭臬，所以這樣，是話語霸權背後的意識形態發揮了作用。總
的來說，選取哪一套國家理論，最為關鍵。「一國兩制」內置了
兩套不同的國家理論。西方的一套，內涵是政治與社會的分離以
至抗衡、從下而上授權、古雅典人民統治的廣場式政體被改頭換
面成為今天競爭性選舉的代議民主；中國的一套則並非人為建構
出來，而是經過歷史實踐發展而成的中央集權郡縣制，輔以士大
夫官僚系統制衡君權的政治傳統，但中國的一套卻被抹黑為東方
專制主義。本書正是要檢視這種歷史觀、文化與意識形態疊加起
來的巨大政治影響力。

本書的章節結構

除了這篇導言及書末的總結，本書分三個部分。第一部分討
論反中動亂背後的理念，下分四章。第一章交待利維坦公權力缺
位這理論何以能夠解釋反中動亂的荒誕現象，說明其根源來自霍
布斯《利維坦》一書所開啟的西方政社分離政治傳統；第二章接
着追問一個問題，即香港是否一個中國人社會？若然，何以在非
亂世的情況下發生如此程度的動亂？這是一個涉及社會文化屬性
的問題；第三、四章是對中西政治傳統及近代出現的意識形態概
念作跨時空的比較，以之剖釋港獨分離分子與泛民主派及其支持
者的思想及精神類型。第三章內含兩個相關的部分，即斷裂的歷
史觀及西方的話語霸權。前者聚焦於 1989 年「六四」事件後，
相當多的香港人在泛民主派引導下，無視中國近代百年國恥及新
中國近 40 年的輝煌成就，反而秉承霍布斯等人倡議的西方現代
政社分離甚至對立的政治傳統，把中國自古以來的政體視為專制

獨裁。後者即西方的話語霸權與斷裂的歷史觀配合，加上中國人對自身民族及文化失去自信，於是，在二戰後冷戰時期西方文宣對中國的抹黑之下，形成了以意識形態為基礎的話語霸權。在此章，我們也回顧法國啟蒙大師孟德斯鳩（Montesquieu，1689–1755）對中國政治傳統所表現的無知，將之與義大利傳教士利瑪竇在明朝時對中國的觀察作比較，從史實說明中國自先秦至今都有將政權向士大夫階層開放的傳統，這是與中國王朝政體的專制獨裁同時存在的。第四章亦有兩個相關部分，即民主的前世今生及中國政治傳統的承繼問題。前一部分敘述古希臘人民直接統治的民主，後來如何演變為現代以競爭選票上位的代議民主；後一部分討論中國政治傳統的承繼問題，聚焦於中國共產黨是否承繼了「百代都行秦政法」？是否承繼了中國既中央集權、又選賢與能的社會公平政治傳統？本章並以跨國民主觀感的比較調查，評估中國與部分國家及地區的民主程度及特徵。

第二部分分析反中動亂的歷史及政策溯源，共有兩章，即第五和第六章。第五章題為「『一個兩制』的歷史淵源與戰略考慮」，第六章題為「『一國兩制』的實踐如何變形走樣？」，這兩章互相連接，探討中國歷代如何處理中央與邊疆地區的關係，及此一傳統如何塑造香港在新中國的特殊地位，這討論希望能夠說明為何回歸後香港特區政府會出現利維坦公權力缺位，沒有運用合法暴力防範及鎮壓動亂。

第三部分是有關反中動亂的演變過程及其荒誕程度，也有兩章，即第七和第八章。第七章描述反中動亂當中的一幕幕荒誕劇，這是利維坦公權力缺位下的「自然狀態」，人們被煽動而演出「一切人對一切人戰爭」的荒誕劇情。這亦同時是廣場式政體的虛擬版，街頭的暴動及其支持者在社交媒體的煽動下，陷入狂

熱狀態。第八章敘述修例風波如何變成一場有外部勢力參與的反中動亂。外部勢力與動亂之間是一種因果關係,抑或只是某種相關性質,我們嘗試分辨,這對於探討利維坦能否及如何復位,很有啟示。

本書的總結,題為「『一國兩制』的明天:如何超渡浮士德的幽靈?」。此章從分辨中西兩套政治傳統在香港博弈出發,論證中國國家政治傳統在香港受到挫敗,反中動亂遺留下來的浮士德幽靈,在《香港國安法》生效後仍然揮之不去,有待超渡。接着從中國政治傳統看「一國兩制」的管治誤區,討論九七回歸為何並未帶來人心回歸。經過討論和分析,指出「一國兩制」理論本身沒有問題,其實踐亦十分成功,問題在於中央政府秉承 country 的國家觀,因而令「一國兩制」下的管治出現誤區,導致缺乏長期策略為香港特區培養政治人才,而中國的政治傳統在香港回歸後也未能得到承傳。基於以上的論證,對於如何完善香港特區的治理,我們提出幾點意見,以供讀者思考及討論。我們相信,只要香港的「兩制」不觸動主權、不觸動國家安全的底線及發展利益,「兩制不變」一定不會止步於 2047 年,「一國兩制」的明天會更好。

第一章：

為甚麼香港的動亂是因為利維坦公權力缺位？

《利維坦》的國家治理智慧與中國香港

中華人民共和國香港特別行政區自 1997 年成立以來所面對的政治危機，最嚴重的莫過於 2019 年由修例風波轉化而成的反中動亂。其中令人印象深刻的是當年七一慶祝回歸紀念日，大批示威者衝擊立法會大樓。這批已經變成暴徒的示威者用大鐵枝及垃圾回收鐵籠持續撞擊立法會大樓七、八小時之後，終於破門而入並大肆破壞，佔據了立法會大樓約三小時後才撤退。令人驚訝的是，擁有三萬警力的特區政府及負責治安的警務處所代表的公權力，沒有採取武力加以鎮壓。他們或許不至於「失蹤」，卻採取退守政策。這種公權力缺位的現象可以借英國政治哲學家霍布斯塑造代表國家絕對權力的巨靈利維坦作比喻，稱之為「利維坦公權力缺位」。但這個利維坦公權力缺位只是暫時現象，而且只涉及內部安全、社會秩序及防止外部勢力干預。這段期間香港特區政府仍然有效地提供基本的公共服務。利維坦公權力缺位的正式落幕，是一年後《香港國安法》在七一前夕生效。之後，特區政府警務處新任處長於 2019 年 11 月中後旬上任，此時利維坦缺

位的現象已經有所好轉。2020年初香港爆發新型冠狀病毒肺炎（COVID-19，下稱新冠肺炎），也導致藉着所謂和平集會及遊行所掩護的暴力行為有所下降。

霍布斯在《利維坦》一書中提出的不少概念，如象徵國家權力的利維坦、「自然狀態」、「一切人對一切人戰爭」、政治與宗教及國家與社會分離、國家權力與自由等，已經成為西方政治學的基本知識及理論，「缺乏制衡的利維坦權力便是專制政權」這說法是現今掌握話語霸權的西方常常提到的，其根源也是追溯到霍布斯。本書的導言提到艾塞默魯及羅賓森這兩位學者，他們合作出版了一本研究利維坦的著作，名為《自由的窄廊：國家與社會如何決定自由的命運》，認為社會應該約束政府的權力，防止其濫權，因為個人自由是社會發展的核心目標，認為這是不證自明的普遍真理，其說法其實和美國日裔政治學者福山（Francis Fukuyama）的「歷史終結論」是一樣的。故此，最好的政府與社會關係是「關在籠子裏的政府」，即「籠中利維坦」（shackled Leviathan）。這類模式的最佳範例當然是西方世界的美國及英國等英語系國家，他們體現了自由社會及有效政府的組合。但艾塞默魯及羅賓森忘記告訴讀者，霍布斯的《利維坦》是在特殊的歷史時空下撰寫的，此即中世紀基督教凌駕政治，做成對現實世界的殘害，如霍布斯本人便親歷了英國內戰，這是歐洲宗教戰爭的翻版。霍布斯與馬基雅維里（Niccolò Machiavelli，1469–1527）等西方早期政治哲學家提倡「宗教去神聖化」和「政治去宗教化」，用今天的話語來說，就是將國家介入社會視為對個人自由的束縛。儘管艾塞默魯及羅賓森也認為有效政府是達致自由的必須條件，但我們不能據此便假定非西方國家的人民也是將追求個人自由作為最終目標。二戰後的第三世界解放運動，便是衝着西

方殖民地主義強權而來的。經歷了鴉片戰爭以來百年恥辱的中國，一直要到中國共產黨領導的革命於 1949 年成功，才算真正站起來。在這段期間，中華民族追求的不是個人自由，而是國家獨立和民族解放。

我們亦要注意，這兩位作者所說的「現代西方世界」，並非鐵板一塊，西歐國家如德國，便有濃厚的國家主義傳統，這是和英、美兩國不同的，而同樣屬於西方的馬克思主義，其追求的目標是全人類的解放，而不是自由主義講求的個人自由。無論如何，霍布斯的《利維坦》一書，開啟了以個人自主及利益為先的自由主義傳統，形成了西方文明的主流價值，對於政治體制，則確立了國家與社會分離的原則，這些論述，逐漸成為西方話語體系中不說自明的「真理」。本書着墨，不在國家是否合法的問題，而是當國家安全受到挑戰時，是否有震懾力平息社會暴力的問題。霍布斯的《利維坦》明確告訴讀者，國家的本質是暴力，惟其如此，才有能力對外抵禦侵略，對內防止動亂。國家擁有合法使用暴力的絕對權，才可以避免「一切人對一切人戰爭」的「自然狀態」，才有法律的公義。若由執政者、立法者及法官等代表的國家權力以公民權利及教化為先，忘記了霍布斯《利維坦》倡導的道理，當面對內外危機時，不迅速瓦解，幾希矣。

香港非「紙糊利維坦」

在《自由的窄廊》一書中，對政府存在但不能正常運作的「缺位利維坦」，有所分析，並以中東的黎巴嫩作為範例。黎巴嫩宗教派系林立，各自成為利益集團，阻撓政府施政，選舉時民眾亦按教派及族裔立場投票，導致政治內耗，陷入僵局，政府嚴重腐

敗，官僚主義橫行，基礎建設殘破不堪，如公共交通缺乏、水電供應不足，可說是一個典型的「失敗國家」。在這類型之中，亦有一種他們名之為「紙糊利維坦」的形態，即徒具虛名的國家機器，其特徵是缺乏提供公共服務的能力，其官僚機器處於失效狀態。[1] 具體如南美的阿根廷，其官僚系統對人民要求不回應，亦未能有效管理經濟。兩位作者說：「這種 [紙糊利維坦] 結合了專制國家不對社會負責、也不受社會約束的若干明確特徵，以及國家機器並不存在國家的柔弱無力。」[2]

香港並非一個「失敗國家」，亦非「紙糊利維坦」，只是反中動亂期間，的確出現了利維坦公權力缺位的情況，但這缺位並非全面性。一直以來，香港的公共服務及公務員體系都以有效率著稱，由約三萬人組成的警隊亦素以紀律嚴明及高效而聞名，香港長期以來治安良好，罪案率奇低。但在這個令人引以自傲的平和社會，卻發生了持續約一年的反中暴動，特區政府的「國家機器」「畏縮不前」，做成整個社會籠罩在人人自危的恐懼之中。我們說「人人自危」，並沒有誇大，當時除了暴動者之外，普通市民普遍處於那種「一切人對一切人戰爭」的恐懼之中，暴動者攻擊見解和他們不同的市民，衝擊和國家象徵有關聯的商舖和建築物，焚燒國旗，這便是我們要說的利維坦公權力缺位情況。

期間亦有一群人對一群人的「戰爭」，如 2019 年 7 月 21 日發生在新界元朗的「白衣人」（地方反暴動者人士）攻擊「黑衣人」（暴動者及泛民主派人士）。在多數情況下，普通市民沒有

---

1. 艾塞默魯、羅賓森：《自由的窄廊》，頁 119–123。
2. 同上，頁 443。

辦法遠離暴動現場，例如暴動發生在他們居住的屋苑或屋苑商場，又或者發生在他們上下班或購物必經之處。只要與暴動者持一絲不同意見，展示一絲不滿的舉止，如舉起手機拍攝，便可能成為施襲的對象。如《環球時報》記者付國豪便於 2019 年 8 月 13 日在香港國際機場被暴動者禁錮、侮辱、毆打。在利維坦缺位下，暴動者會突然走出交通要道，架起路障，截查車輛，他們亦會以募捐為名，闖入平常百姓家，令普通市民惶恐不安，此期間的香港，法治近乎蕩然無存，陷入弱肉強食的「自然狀態」。

《利維坦》的國家理論

霍布斯於 1651 年出版《利維坦》一書的時候，為舊約聖經中的利維坦繪畫了一幅令人印象深刻的圖像：一位頂戴皇冠、聳立在城邦與山丘之上、身形龐大的君主，右手拿着寶劍，左手拿着權杖；但細看他的身軀，卻是由為數三百多的臣民組成。[3]

根據霍布斯的說法，利維坦是「國民的整體」或「國家」（拉丁文為 civitas）；它是「人造的人」。[4]

---

3. 江玉林：〈劍、暴力與法律：從利維坦的圖像談起〉，《法制史研究》2007 年第 12 期，頁 197。

4. 霍布斯：《利維坦》，頁 1。

他把國家世俗化，是人類自己的創造，以維持內部安全及抵禦外敵。因此，國家必須擁有絕對權力，才可以組織力量抵抗外敵及制止內亂。利維坦的困境是，它的所有權力都來自於個人授權，並且成為個人的代表；其絕對權力是從下而上，而非西方君主制假定的神授君權，或中國傳統王權的天命所歸。霍布斯的利維坦有這樣的先天、內置缺陷，因此，「國家公權力」容易受到質疑。所以他認為利維坦一定要擁用絕對權力，才會令人懾服，不然的話，人們仍然處於「自然狀態」。他表示：「在沒有一個共同權力使大家懾服的時候，人們便處在所謂的戰爭狀態之下。」[5] 這一點，對我們理解香港的反中動亂十分重要，就算國家成立以後，若公權力缺位，未能維持法律的莊嚴，便容易返回「自然狀態」。2019 年 6 月 12 日在香港的遊行是個例子，當時示威者向警察擲磚頭及鐵枝，警方將之定性為暴動，但其後警務處處長及政府高層對這定性猶豫不決，前言不對後語，對暴力威嚇畏縮不前。這當然是公權力缺位的現象。一直倡導「和理非」的民主派也沒有與暴徒割席，整個香港社會便被霍布斯所描繪的「自然狀態」籠罩了。

霍布斯虛構的「自然狀態」，即大自然的叢林定律，一切都是弱肉強食。正如北京大學法律學者陳端洪所言，因為香港的「攬炒派」（指支持玉石俱焚的派別，見下文「攬炒 35+」）不承認中國國家主權，才會出現霍布斯的「自然狀態」，即「一切人對一切人戰爭」。[6] 即是說，若暴動者及背後的示威者認同「一

---

5. 同上，頁 94。
6. 陳端洪：〈國家安全與憲法〉。

國」，即中華人民共和國的主權，懾服於其絕對權力，便不會出現「自然狀態」了。

在「自然狀態」中的人，其「至惡」的本能便會顯露出來，每個人都全力追求權力，以消除「暴死」的恐懼，從而進行「一切人對一切人戰爭」，不可能接受和平共處或文明社會的最低道德標準。霍布斯更直言：「這種人人相互為戰的戰爭狀態，還會產生一種結果，那便是不可能有任何事情是不公道的。……沒有公共權力的地方就沒有法律，而沒有法律的地方就無所謂不公正。暴力與欺詐在戰爭中是兩種主要的美德。」[7] 正如 2019 年時暴徒除了向警員施襲、擲磚及汽油彈、割警員頸動脈，還有放火燒人、放火焚燒中資及親中店舖、用磚塊擲死人、用硬物襲擊他人、「私了」不同政見者、肆意破壞地鐵入閘機及售票大堂、堵塞道路、破壞交通燈、向鐵路路軌擲雜物等等。更有甚者，發生了放火燒人事件之後，據稱在網上討論區居然有超過 5,000 人認為不過分，只有 300 多人認為過分；還有「名嘴」在網上宣稱放火燒人是假的。[8] 更為令人驚訝的是，在九龍太子地鐵站發生的暴力事件，居然在沒有死人，亦沒人報失親友的情況下，卻被持續渲染為有六個或更多的人死亡，至於何以沒有證據，則「只因警員毀屍滅跡」。之後，還不斷有人以這事為藉口鬧事，在車站外擺放鮮花及撒冥紙。這些荒誕例子足以證明，在利維坦缺位之下，暴力及欺詐變成常態。霍布斯的利維坦國家理論是虛擬出來的，卻能十分準確地描述公權力缺位下叢林定律的動物性行為。

---

7. 霍布斯：《利維坦》，頁 96–97。
8. 盧永雄：〈你的浪漫，我的災難〉，巴士的報，2021 年 3 月 3 日。

更重要的是利維坦國家理論明確告訴大家，西方政治學者構想的現代國家，是通過控制「自然狀態」而建立起來，國家因而必須擁有運用暴力的絕對權力，才能鎮壓違反法律及社會秩序的公民，及抗禦外來侵略。即是說，國家的本質或底色是赤裸裸的暴力，只能在這個基礎之上，才可以講教化。

利維坦公權力復位

2021 年 1 月 6 日在號稱民主大國的美國，連任失敗的前總統特朗普（Donald Trump）的支持者，在示威行動中衝入美國國會山莊，釀成美國國會近兩百年最大的破壞，騷亂延續多個小時。其後國會警員聯同國民警衛隊衝入，拘捕示威者，當場擊斃一名沒有攜帶武器的女子。美國的政治領袖如即將就任總統的拜登（Joe Biden）、參議院多數黨領袖共和黨的麥康奈爾（Mitch McConnell）等，分別譴責衝擊國會山莊事件，稱之為叛變、叛亂或企圖政變。美國聯邦調查局局長於 3 月初把事件定性為本土恐怖主義事件，並透露已有超過 310 名暴徒被起訴，罪名包括密謀顛覆國家、襲擊執法人員等最高可判監禁 20 年的罪名。[9] 我們看到的是，國家機器對叛亂作出強力譴責及武力鎮壓時，叛亂或暴動便戛然而止，這便沒有利維坦缺位的問題。

2020 年《香港國安法》生效的翌日，還有一次遊行，但人數已經大減，並有十人涉嫌違反《香港國安法》而被捕，跟着警方以觸犯《香港國安法》為由，拘捕「攬炒 35+」的組織者及成

---

9. 〈毫不含糊／美起訴逾 300 暴徒　最高判囚 20 年〉，大公網，2021 年 3 月 4 日。

員。在《香港國安法》生效後，反對派的一些重量級人物如前政務司司長陳方安生，宣布「金盆洗手」，民主黨前主席李柱銘、公民黨前黨魁余若薇及該黨前立法會議員吳靄儀等在公眾輿論平台失蹤，亦有反對派「名嘴」感嘆「時不利兮騅不逝」，認為「生存下去就是勝利」。[10] 更令人失笑的是，47名發起立法會初選「攬炒35+」而涉嫌觸犯《香港國安法》的反對派人物，被拘押後因為幾天未洗澡並思念家人，哽咽起來，包括公民黨黨魁楊岳橋及該黨前立法會議員譚文豪。[11] 楊岳橋等四名公民黨被告，在審訊期間宣布退出公民黨；他們是否被《香港國安法》嚇破了膽，只有他們才知曉。值得一提的是身為大律師的楊岳橋，在面對審訊時顯得軟弱，與當年出自其口的「有案底令人生更精彩」慷慨陳詞，[12] 迴然不同，判若兩人。這也許能說明利維坦的重要性，並反證當利維坦缺位時，便滋生動亂和肆虐；換言之，當公權力到位，社會的動亂便要讓位。

「時代革命者」求情記

「光復香港、時代革命」，這是暴動者的口號之一。他們自稱「抗爭者」，甚至以「革命者」自居，倘如此，他們應心懷壯志，前仆後繼，犧牲在所不惜，這才說得上是革命。可惜，這些

---

10. 蔡子強：〈「時不利兮騅不逝」：生存下去就是勝利〉，《明報》，2021年2月3日，第B07版。

11. 〈昔囂張狂妄亂港 今為保釋擠淚賣慘 「楊案底」「譚影帝」醜態百出〉，《大公報》，2021年3月7日，第A11版。

12. 〈楊岳橋還押 他當日一句「有案底令人生更精彩」終於成為事實了！〉，巴士的報，2021年3月3日。

2019 年 6 月 21 日，抗爭行動升級，不少市民響應大專學界及網上號召，將行動升級為「圍堵」，包括包圍灣仔警察總部逾 13 小時（文匯報攝）

「抗爭者」或「革命者」最擅長的，是滿嘴粗言穢語，罵人時態度十分兇狠，有揮拳以對的姿勢。2016 年的旺角暴動前，有學生在香港大學校園內鬧事，包圍校務委員會主席及委員，用粗言穢語辱罵，禁錮希望離開的校委。一直對學生態度寬容的校長馬斐森（Peter Mathieson），事後亦表示，當晚的學生是暴民（mob）行徑，他感到人身安全受到威脅。[13] 顯然，由暴動者及港獨分子帶頭的反中動亂，並非甚麼革命，在國際機場、街道、地鐵站等地方，只是因為公權力缺位，才讓暴動者進入叢林定律的「自然狀態」，肆意破壞。當公權力不再缺位時，他們便受法律的制裁；

---

13. 〈馬斐森責圍堵學生　不容「暴民政治」　斥影響港大校譽　錄像交警方〉，《晴報》，2016 年 1 月 28 日，第 P06 版。

2019 年 9 月 26 日，黑衣人圍堵伊利沙伯體育館，包圍在內舉行社區對話的特首林鄭月娥四小時（大公報攝）

這時候「自然狀態」回到文明時空，我們也就知道，這些高叫「光復香港、時代革命」的人，究竟是胸懷理想的革命者，抑或是一時衝動的暴動者。

案件一：首宗涉嫌暴動罪

　　案件源於 2019 年 6 月 12 日發生在灣仔、最終變成暴動的大型遊行。2020 年 5 月 15 日判決。22 歲的救生員被告暴動罪成，判囚四年，其代表大律師向法官求情，提出的理由是被告無預謀，是一時衝動的魯莽行為。[14]

---

14. 〈首有示威者承認暴動罪　22 歲救生員判囚 4 年〉，東網，2020 年 5 月 15 日。

案件二：香港國際機場《環球時報》記者付國豪案

案發時間為 2019 年 8 月 13 日，2021 年 1 月 8 日宣判。三名被告為 20 歲的兼職侍應、23 歲的無業人士和 29 歲的建築工人；各人罪成，分別判囚四年三個月至五年半。其中一位被告的求情理由，是一時衝動。另一被告的求情理由，為受病情困擾及有智力問題，以至控制能力低和容易受人煽動。[15]

案例三：「神獸罷鷲」遊行搗亂案

案發時間為 2019 年 10 月 13 日，網民在多區發起名為「神獸罷鷲」遊行及示威活動。[16] 在旺角，26 歲青年因向警車擲雜物及持有攻擊性武器而被捕；2020 年 6 月 8 日被判入獄八個月。其求情理由是只因洩憤，「即興犯案」。[17]

這三個案例的求情理由，具有相當的普遍性。參與暴動的示威者並非甚麼「時代革命者」、「抗爭者」，而是受本身情緒困擾，以及暴動氣氛感染而犯案。若其行為有實質基礎，在法庭上可以作一場慷慨激昂的發言，宣揚其懷抱的政治主張，如果這樣做，也許可以感動後來者。當然，也有些泛民主派政治人物表現出一定的擔當，例如觸犯了非法結集罪的前民主黨主席楊森，便在法官判刑前自辯「認罪但不認錯」，表示自己「以和平方式進

---

15. 〈3 暴徒毆付國豪　囚 4 年 3 個月至 5 年半　官批暴行傷透港人心　考慮對社群影響不能輕饒〉，《文匯報》，2021 年 1 月 9 日，第 A04 版。
16. 「罷鷲」與粵語「罷就」同音，表示算了、拉倒。
17. 〈參與「罷鷲」掟警車　展場工判監八個月〉，《文匯報》，2020 年 6 月 9 日，第 A10 版。

2020 年 7 月 1 日，七一示威，一名防暴警察於高士威道近興發街嘗試制服一人時遇反抗（文匯報攝）

行公民抗命，……並願意接受法律的刑責。」[18] 楊森參加的非法結集，是 2019 年 8 月 18 日未經警方批准的公眾遊行，相信他內心亦清楚，所謂「和平方式」，其實是掩護隨後的大規模暴力，當日事實上發生的動亂，亦證明他所謂的「以和平方式進行公民抗命」，其實質是借遊行啟動隨後在銅鑼灣、灣仔、金鐘、中上環一帶的「打砸燒」大破壞。[19] 中國歷史不乏農民革命，其發生

18. 見網上流傳的楊森自辯信，部分內容亦見於報章，如〈楊森：認罪不認錯亦不求情〉，《星島日報》，2021 年 4 月 8 日，第 A02 版。

19. 〈三次非法集會演變黑魔暴亂〉，《文匯報》，2020 年 4 月 19 日，第 A16 版。

的原因，皆為天災人禍，如秦末的陳勝、吳廣起義、王莽新朝的綠林軍赤眉起義、東漢末年的張角黃巾起義。但 2019 年暴亂之前的香港，何來天災？何來人禍？何來這些所謂「革命者」、「抗爭者」的土壤呢？

小結

2019 年的香港沒有造反的條件，反之，當利維坦公權力復位，社會秩序便回到正常。霍布斯的國家理論，並不只是虛構了國家合法性，更昭示了擁有絕對權力的合法暴力機器，是必要的。當政府權力受到危害時，一定要果斷地鎮壓，讓犯法之人感到震懾，產生對公權力的敬畏！號稱民主的美國，在艾塞默魯及羅賓森筆下，是「籠中利維坦」的典範，美國人是自信擁有推翻專制的能力，但即使如此，對於衝擊國會山莊的動亂，還是靠利維坦的合法暴力將之平息，在該事件中，武裝力量射殺沒有攜帶槍械的暴徒，此舉亦未引起任何質疑，這就說明，這個所謂的「籠中利維坦」，對付內亂時是毫不手軟的。相對而言，香港的一些官員在應對暴亂時表現軟弱，看來他們是未有認識到《利維坦》一書所傳遞的政治智慧，沒有認識到無論是甚麼政體，利維坦的本質就是暴力，不運用利維坦的暴力，便沒有甚麼管治可言，亦沒有甚麼公義及和平可言。

第二章：

香港是否一個中國人社會？

　　香港到底算不算是一個中國人社會呢？是的話，有多典型呢？

　　在 2019 年的反中動亂，我們可以清楚看到，出現了與中國文化截然不同的行徑，以及公然否定自身中國人身分的聲音。這說明在香港這個所謂的中國人社會，在文化認同及實踐上，存在着相當大的變異和分歧。如何了解和解釋這個現象，是本章的關注所在。我們將透過梁漱溟對中國、西方、印度的三條文化路向分析，嘗試找出較為接近現實的答案。

　　文化者，若如本書導言所引用的聯合國教科文組織定義，除了文學和藝術外，還包括生活方式、共處方式、價值觀系統、傳統和信仰等。梁漱溟則將文化界定為「面對生活中解決問題之用力所在」（詳見下文），從而指出中國、西方、印度的三條不同路向，我們引用梁漱溟，會不會過分簡化呢？以西方為例，不同的國家有不同的傳統，英語系國家較為重視個人，歐洲大陸國家如德國及義大利則嚮往家庭價值及傳統。在宗教方面，西方國家亦分天主教、基督教新教及東正教等。中國其實也一樣，文化傳統中除了主流的儒、法兩家之外，還有從印度傳來的佛家，以及

崇尚自然的本土道家。我們引用梁漱溟作分析時，會顧及這些差異。

文化的路向亦會隨着客觀環境而改變，如中國自鴉片戰爭特別是甲午戰爭後，有識之士不斷尋找救國圖強之道，不少甚至提出全盤西化的激進主張。然而，我們仍然選取梁漱溟較為簡化的定義，就是看重該定義能提綱挈領，並符合本書的主題，即探討在利維坦公權力缺位下的「自然狀態」，與西方浮士德型人物的狂熱文化及衝動本能特徵，我們將以之為參照，嘗試找出反中暴動者及其支持者的文化特質。

為甚麼問這個文化屬性的問題？

香港居民超過九成是華人，按照人口組成，香港可以說是典型的中國人社會。當然，這是從國族身分的血緣來說；但作為中國人，文化因素更是重要，因為它是生活方式和價值觀念的體現。

從文化角度來說，香港九七回歸後，中國文化的影響是否變弱，從而影響到國家認同呢？這是很值得探究的課題，而且有重要的實質意義。2019 年由港獨分離主義分子作為先鋒的反中動亂，便是在文化認同上出了問題，他們要否定的，不只是內地的共產政權，他們更不認同自己是中國人。在這之前，香港的反對派一直只是反共，未有否定自己的中國人身分，在該次動亂中，新世代的示威者及不少泛民主派同路人是既反共亦反中，與以前截然不同。

用中國文化的主要特徵來觀察政治運動的策略轉變，是一個很好的切入點。中國文化向來重視持中、務實，不尚空言；面

對爭論、糾紛、鬥爭時，傾向談判和妥協。若以此特色來觀察 2014 年發生的佔中運動，亦頗為符合——經過了79 天堵路造成的不便，多數市民傾向結束這場由回歸後成長新世代走在前頭的政治運動。不過，2019 年由修例風波引起的政治運動性質很不同，不但暴力升級，社會秩序陷於崩潰，而且經過一年的折騰和代價，卻不足以令反對派支持者與暴動者「割席」。即使在 2019 年 7 月 1日衝擊立法會的事件後，特

2019 年 7 月 1 日，「七一遊行」示威，有人展示英國國旗及香港歸英運動標語（文匯報攝）

區政府已經妥協，讓修例「壽終正寢」，示威者仍毫不退讓，堅持與修例風波無關的「雙普選」訴求，還在「撤回逃犯條例」訴求上特意加入「徹底」二字，得寸進尺，不依不饒，由此可見，與 2014 年的佔中運動相比較，在文化特徵上兩者實有質的分別，中國人的妥協精神在 2019 年的暴亂中蕩然無存。

　　然而，如果我們觀察香港如何應對新冠肺炎，則香港又是一個典型的中國人社會，反映出中國文化講求責任、接受權威的特徵。這種中國人社會的特徵，在台灣的抗疫工作上也呈現出來。如今台獨猖獗，但台灣人抗疫的表現無疑有中國人社會的特徵，並沒有出現西方社會發生以個人自由為名，抗議戴口罩和反對限聚令等行為。可以說，國族認同與文化實踐可以分而論之。整體

而言，從較為服從權威及重視集體利益這一個視角來看，香港還是一個中國人社會。

如果香港還是一個中國人社會，為何修例風波會逐漸演變成充滿暴力、毫不妥協、不全勝不罷休的政治運動呢？與 2014 年佔中運動不同的是，這次政治運動經歷了大半年暴力及社會動亂，而在 2019 年底舉行的區議會選舉中，支持反對派甚至明獨暗獨的非建制派候選人的選民超過 56%，令反對派獲得 386 個議席，在 18 個區議會中，17 個由反對派及港獨分子獲得控制權。[1]更為極端的是，一位學歷低，毫無政治經驗，連政綱都是手寫的年輕人，竟然贏了競選連任的建制派當區區議會主席。[2] 中國人務實、理性的文化特徵並未顯露出來。

我們要探討的命題是，作為全球最自由的社會之一，香港既擁有經濟自由，[3] 同時也擁有中、西文化的特徵，而在 2019 年的修例風波，西方文化的表現卻更為突出。本章將根據梁漱溟的文化比較理論框架，檢視當中的問題，包括中、西文化的路向分別，及西方文化在近代的發展。我們特別關注歷史學家史賓格勒所稱的「浮士德型人物」，這類型人物具有的狂熱性格，改變了西方世界的走向，也改變了基督教本有的溫和性質。[4] 作了這樣的比

---

1. 〈泛民贏 85% 議席：民意海嘯　胡志偉促回應社會訴求　林鄭稱聆聽反思〉，《明報》，2019 年 11 月 26 日，第 A01 版。
2. 〈素人陳梓維擊敗葉傲冬　手寫政綱引注目〉，Now 新聞，2019 年 11 月 30 日。
3. 在美國傳統基金會（Heritage Foundation）1995 至 2019 年的經濟自由度指數排名中，香港連續 25 年第一。在美國卡托研究所（Cato Institute）的人類自由指數中，香港在 2015 和 2016 年亦分別排名第二和第三。
4. 史賓格勒：《西方的沒落》，頁 233–238。

較，有助我們判斷香港是否一個中國人社會，中國文化講求的遏制衝動和狂熱、接受妥協，是否能發生效力！

文化的影響及其變化：三條文化路向

梁漱溟一百年前寫作了《東西文化及其哲學》，斷言西方的船堅炮利與其文化關係密切，不可以硬搬到中國來。他指出國人「全然沒有留意西洋這些東西並非憑空來的」。由於西方的文化背景，才產生西洋火炮及鐵甲等東西。梁漱溟認為「這些東西對於東方從來的文化是不相容的」。[5] 這個文化不相容的看法與美國政治學者亨廷頓（Samuel Huntington）在 1990 年代發表的文明衝突論頗為相似，而亨廷頓的論調則成為今天美國圍堵中國的其中一個藉口。[6]

梁漱溟於 25 歲時，已被北京大學當時的校長蔡元培禮聘為印度哲學教授，學問淵博，橫跨東西，他是如何理解東西文化差異呢？對他來說，文化只是人類生活的樣法，或是生活中解決問題的方法；而文明則是人類生活的成績。東、西方的人都要生活，為甚麼生活的樣法不同呢？他認為是因為不同民族用力之所在不同之故；而文化根源在於意欲（will）。北京大學教授胡軍認為梁漱溟的「意欲」本意，與主張唯意志論的德國哲學家叔本華（Arthur Schopenhauer，1788–1860）所說的西方文化意欲相近，

---

5. 梁漱溟：《東西文化及其哲學（新訂版）》，頁 14。
6. 美國國務院官員斯金納（Kiron Skinner）在 2019 年 4 月一次智庫舉辦的論壇上表示，美國與蘇聯的冷戰是西方文明內部高加索人種即白人之間的競爭，而今天美國與中國的競爭是真正不同文明的鬥爭。

即「生活就是沒盡的意欲和那不斷滿足與不滿足」。[7]綜合而言，梁漱溟認為人類的生活大約不出三條路向：一、向前要求的意欲，即奮力取得所要求的東西，這是奮鬥的態度，要改造局面；二、對於自己的意思變換、調和、持中的意欲，遇到問題，不想奮鬥改造局面，而是隨遇而安，把自己的意欲調和；三、轉身向後去要求的意欲，這一路向的人遇到問題，就想根本取消這個問題或要求，可說是禁欲態度。[8]

梁漱溟所講的第一條路向的代表是西方文化，第二條路向的代表是中國文化，而第三條路向的代表是印度文化。他表示，西方文化在長達一千多年的時期轉入第三路向，而它再回到第一路向，始於十五、十六世紀的「文藝復興」。據梁漱溟的理解，西方古希臘是走第一條路向，在科學、哲學、美術、文藝成就非凡。而接連的羅馬亦順此路向發展，成就於法律及政治；但是後來由於流行利己和縱欲的思想，風俗由此大變，才借希伯來的基督教來收拾殘局。西方文化轉向第三條路向的「一千多年中因為人們都是心繫天國不重現世，所以奄奄無生氣，一切文化都歸宗到宗教裏去了。」[9]

梁漱溟提到「中國人的思想是安分、知足、寡欲、攝生，而絕沒有提倡要求物質享受；卻沒有印度的禁欲思想。⋯⋯印度人既不像西方人的要求幸福，也不像中國人的安遇知足，他是努力

---

7. 胡軍：〈梁漱溟文化三路向說解析〉，《大連大學學報》，2009 年第 5 期，頁 4。
8. 梁漱溟：《東西文化及其哲學（新訂版）》，頁 62。
9. 同上，頁 64–65。

於解脫這個生活的，既非向前，又非持中，乃是翻轉向後，即我們所謂第三條路向。」[10]

梁漱溟指出的印度人第三條路向出世思想，直至一百年後的今天亦未改變，在 2020 年 2 月中，當新冠肺炎開始在中國蔓延時，熟悉印度情況的一位中國「博客」這樣形容印度人對疫症的反應：「印度人跟中國人不一樣，對生死看的很開，很多印度老人們得了病根本不去看 [病]，病死算，……當你看懂了輪迴，也就看淡了生死。……印度人把很多事災難都看做一種『渡劫』，不會那麼積極的尋求解決，很可能沒辦法解決呢。」[11] 梁漱溟更引述古籍印度人尋求解脫的種種方法：「自餓不食，投入寒淵，赴火炙灼，赤身裸露，學着牛狗，齕草吃糞，在道上等車來軋死，上山找老虎……。」[12] 新冠肺炎疫情一年後，據報道，還有印度官員告訴民眾，背誦宗教經文可以戰勝病毒。[13]

當然，文化會隨着時間及生活經驗而改變。正如梁漱溟所言，西方在文藝復興時期，從第三條路向轉入第一條路向，就是因為中古之「黑暗時代」，教權太盛，教皇教會恣行無忌，腐敗不堪，從而催生路向轉變。

中國人亦是一樣。1840 年鴉片戰爭以來的百年國恥，中華民族在受盡列強欺凌後，國人力求復興，致有啟蒙與救亡之爭，

10. 同上，頁 72–74。

11. 九邊：〈面對疫情，印度為啥能躺贏？〉，微信公眾平台，2020 年 2 月 19 日。

12. 梁漱溟：《東西文化及其哲學（新訂版）》，頁 74。

13. 〈從「全球藥房」到「新冠震中」，印度疫情是天災還是「人禍」？〉，環球時報，2021 年 4 月 28 日。

最終中國共產黨領導革命成功，1949年新中國成立，在之後的30年，現代化已初具規模。1978年鄧小平開啟改革開放，至今已40多年，國家的戰略是加入以美國為首的全球化生產大分工，經濟、科研、軍事實力由此而與日俱增。回顧這百年的艱辛歷程，中國是由原來的第二條路向，很大程度上轉向了第一條路向，兩條路向交錯，第二條路向的重要特徵依然保持。

從以上的簡短回顧，可見梁漱溟所指的中國第二條路向，並非不能與西方第一條路向的船堅炮利相容。或者説，中國文化能夠吸收西洋文化，屬於李零所言的「文明漩渦」，把周邊四裔的優良文化吸納，使中華文明變得更加強大。[14] 甘陽也有類似説法，認為中國正進行一場「通三統」的文化重建運動。中國今天所處的新時代，正是將三個傳統融合起來。這三個傳統包括：第一是改革開放形成的傳統，以市場為中心，強調自由和權利等西方價值的自由主義傳統；第二是毛澤東時代形成的傳統，以強調平等，追求平等和正義的社會主義傳統；第三是中國文明數千年形成的傳統，是儒家為主、在日常生活中重人情和鄉情的文化傳統。[15] 甘陽所指的毛澤東時代形成強調平等的傳統，也可能是承繼自秦朝（見第四章）。從中國近百年來的轉變來看，文化路向即人類生活的樣法或生活中解決問題的方法，若遇到巨大危機，會出現改變，繼而轉入新路向或融合其他路向。

---

14. 李零：《我們的中國》（北京：三聯書店，2016），頁22。

15. 甘陽：〈新時代的「通三統」：三種傳統的融會與中華文明的復興〉，愛思想，2023年6月12日。

西方浮士德型人物與港獨暴動者

梁漱溟說的第一條路向基本是奮鬥態度，其面對生活中諸般問題的解決方法就是改變現狀。這種積極的生活態度造就了古希臘及羅馬時代的文明，以及現代的西方文明。但是，兩者雖然都是實踐第一條路向，但其追求的人生目標各有不同。霍布斯在《利維坦》一書中道出這一點：

> 舊道德哲學家所說的那種最終的目的和最高的善根本不存在。欲望終止的人，和感覺影像停頓的人同樣無法生活下去。幸福就是欲望從一個目標到另一個目標不斷地發展，達到前一個目標不過是為後一個目標鋪平道路。……全人類共有的普遍傾向提出來的便是，得其一思其二、死而後已、永無休止的權勢欲。……並不永遠是人們得隴望蜀，希望獲得比現已取得的快樂還要更大的快樂，也不是他不滿足於一般的權勢，而是因為他不事多求就會連現有的權勢以及取得美好生活的手段也保不住。[16]

如此就凸顯出西方社會充滿競爭的本質，一旦停止競爭，就會被無情淘汰。

這種取向與古希臘、中國及印度都截然不同，這樣的文化或生活目標，令人想起了歌德（Wolfgang von Goethe，1749–1832）筆下的浮士德（Faust），但不是歌德之前的浮士德版本，即一個向魔鬼出賣靈魂以換取人們普遍追求的價值如金錢、性愛、權力和名聲的人，而是追求「一種生命生氣勃勃的過程，它

---

16. 霍布斯：《利維坦》，頁 72。

包含着每一種形式的人類經驗，既包括快樂也包括悲苦，並且將這些人類經驗都融合為他自我的無止境的發展；即便是自我的毀滅也將是它的發展一個組成部分。」[17]

歌德筆下浮士德的不斷追求欲望，甚至將自我毀滅也作為追求欲望的一部分，會否使我們聯想到香港反中動亂時「黑衣暴徒」追求「攬炒」的荒誕現象呢？暴動者以及倡言「攬炒」的泛民主派人士，其言行特徵不可能源自第二條路向的中國傳統。那麼，究竟我們該如何理解這種帶有歌德筆下浮士德的特徵、要與香港及內地玉石俱焚的毀滅性衝動呢？

浮士德無止盡的欲望與西方古文化有所不同。古希臘的哲人孜孜不倦的追求生命的最終目的，以及對「至善」的演繹，並接受政治的敗壞及政體的循環。這就是說，西方古希臘文化有着絕對道德，以及具有對與錯的觀念與標準，故此政體的衰敗乃源於統治者喪失德性、忘卻公利。更重要的是，除了接受興衰循環之外，西方古典時期的希臘，其哲學追求並非無止境的滿足欲望。例如亞里士多德（Aristotle，前 384–前 322）便認為城邦是為了追求「優良生活」而存在；另一古希臘哲學家伊比鳩魯（Epicurus，前 341–前 270）則認為「人的目標，應是一種平靜愉悅的生活，而由道德、自律、沉靜、及文化發展，來加以規制。」[18]

用浮士德來形容自十世紀左右冒起的西方文化，史賓格勒是第一人。在歌德筆下，浮士德是一位有社會成就的中年人，被

---

17. 馬歇爾·伯曼（Marshall Berman）著，徐大建、張輯譯：《一切堅固的東西都煙消雲散了：現代性體驗》（北京：商務印書館，2018），頁 50。（原作首版年：1982）

18. 史賓格勒：《西方的沒落》，頁 234。

尊稱為博士、律師、哲學家及科學家。浮士德產生的時代背景是文藝復興和宗教改革運動時期（始於 1517 年馬丁・路德 [Martin Luther，1483–1546] 的《九十五條論綱》），而進入第一次工業革命（1760–1840）後，歐洲出現了一大批相對獨立的文化及觀念生產者，歌德筆下的浮士德即是其中之一；他「參與並幫助創造了一種文化，這種文化遠遠超越了古典和中世紀的眼界，使人看到各種前所未有的人類欲望和夢想。」[19] 在這種前所未有的時代背景下，歌德的浮士德代表了人類無止境發展的欲望，在沒有宗教的抑制下，即使是自我毀滅也是發展的組成部分。

如此類型的人物與香港 2019 年暴動者的「攬炒」有着微妙聯繫。浮士德型人物只有運用破壞的力量，才能進行創造。正如歌德歌劇中的浮士德，為了建立一個進步、美好的新世界，召來魔鬼和他的三位勇士，命令將擋在他理想世界道路上長居海邊的老人夫婦讓出地方，以造福人民，完成自己的偉大發展規劃；然而其派出的勇士最終燒死了這對夫婦。「攬炒派」的暴動分子也同樣理直氣壯地「私了」不同政見者。可以説，在浮士德的發展觀中，破壞被視為神聖創造力的一個重要組成部分，故此，浮士德型人物完全不需要受到「我應當做嗎？」這類道德問題的約束和困擾。

就是這種浮士德型人物的持續發展及道德狂熱，導致西方世界中世紀（476 年西羅馬帝國滅亡至 1453 年東羅馬帝國滅亡）以來的戰火連連、生靈塗炭，例如連續兩百年的「十字軍東征」（1096–1291）和歐洲國家之間的戰爭、中世紀的紅白玫瑰戰爭

---

19. 伯曼：《一切堅固的東西都煙消雲散了》，頁 54。

（英國貴族爭奪王位的內戰，1455–1485）、法國的天主教徒與
新教徒的戰爭（1562–1598）等，一直延續到一戰（1914–1918）。
浮士德型人物的狂熱，並不限於歐洲的國王、王子及貴族，深受
宗教感召的教會僧侶和普通人民，也可以是浮士德型人物。史賓
格勒舉出 1167 年對抗回教徒的塔斯古倫戰役，就是由古日耳曼
帝國的科倫與梅因斯兩地的大主教所贏取的。史賓格勒認為浮士
德型人物某程度上改變了基督教的內涵，但他不是使基督教成為
一種新的宗教，而是給予它一種新的道德取向，「即基督教原先
的『祂』，變成了『我』（I），『我』成為滿含熱情世界的中
心。……狂熱地追尋着，設定一種自己獨具的道德，以當作『普
遍真理』，將它強置於人性之上，並從重估，或征服，或摧毀一
切與此不同的道德。」[20] 他從這種浮士德式的道德中，看到一種
表達「使命感」的世界性激情，及濃重的精神狂熱，以及不可抵
擋的、進取的所謂「博愛」（caritas）。這種動態而狂熱的「博
愛」精神，與古典時期的中庸精神及早期基督教的溫和性質大不
相同。[21]

　　浮士德型人物之出現，有內、外兩方面的因素，互相影響。
內因可以追溯至古希臘至中世紀在北歐冒起的海權拓張，即始於
北歐、具有海盜式掠奪特徵的維京文化，這文化經過長年累月的
醞釀，從而化生了浮士德型人物，這是史賓格勒在《西方的沒落》
一書的論點。在外因上，西方文化着重向外擴張，遇到問題時，
以奮鬥克服的生活態度將之克服。古希臘的哲學還有德性要求，

---

20. 史賓格勒：《西方的沒落》，頁 235。
21. 同上，頁 240。

追求生命的最終目的，因此稍能壓抑對無止境欲望的追求和衝動的本性（instinct）。然而中世紀以後，歐洲各國依仗船堅炮利，展開殖民征伐，攫取資源及奴役被征服者，一發不可收拾，直至二戰後的殖民地獨立運動，才有所收斂。

我們不可低估衝動與欲望對人類行為的深遠影響。英國哲學家羅素（Bertrand Russell，1872–1970）對西方世界長期戰爭、尤其是一戰的毀滅性殺戮進行反思，他認為理性並不能防止戰爭，欲望與衝動的人類本能才是殺戮活動的根源。欲望還擁有目標，但衝動則不具任何目的。當衝動極度強烈，就算明知注定失敗，擁有強烈衝動的人也會冒險從事，不顧後果。羅素舉出了莎士比亞悲劇《麥克白》（Macbeth）的主角為例，他明知決鬥會以其失敗告終，亦嚷叫：「痛擊，麥克道夫，誰先叫『停止，夠了』，誰就該死！」[22] 這種話語與香港反中動亂中，「攬炒35+」「攬炒派」的推動者戴耀廷撰文〈真攬炒十步〉何其相似！他認為「真攬炒」最終能夠逼使中央出手鎮壓，導致西方世界對中國制裁：「制裁對中共及中國社會的震撼有多大，是現在不能預見的。……[他呼籲追隨者] 你想見到一個新世界嗎？來吧！加入抗爭，去為你的自由去爭戰吧！」[23]

戴耀廷是一位基督徒，據說很虔誠，他用的是聖經中文譯本的「爭戰」一詞而非常用的「戰爭」。「爭戰」這個名詞在聖經中多次出現，例如「耶和華必為你們爭戰；你們只管靜默，不要作聲」（《出埃及記》）；「因為耶和華你們的神與你們同

---

22. 柏特蘭·羅素（Bertrand Russell）著，張師竹譯：《社會改造原理》（上海：上海人民出版社，2001），頁 5。（原作首版年：1916）

23. 戴耀廷：〈真攬炒十步〉，《蘋果日報》，2020 年 4 月 28 日。

2019 年 9 月 22 日，「和你塞 4.0」示威，有示威者踐踏國旗（文匯報攝）

去，要為你們與仇敵爭戰，拯救你們」（《申命記》）；「我們並不是與屬血氣的爭戰，乃是與那些執政的、掌權的、管轄這幽暗世界的，以及天空屬靈氣的惡魔爭戰」（《以弗所書》）。戴耀廷多次在公開場合，為其提出的理想而痛哭流淚。可見戴耀廷確實如史賓格勒所言，是實踐基督教浮士德型的人物，將原有的「祂」，變成了「我」，狂熱追求自己獨具的道德，將之當作「普遍真理」。「普遍真理」的香港版，對於戴耀廷及其他劣質浮士德型人物來說，就是以「真普選」作武器抵抗「暴政」。

香港還是一個中國人的社會，但極之西化

我們俯瞰式地檢視了中、西文化的分別，並點出自十世紀

2020 年 5 月 29 日，「中環和你 LUNCH」示威，身穿校服的學生在國際金融中心商場內揮英國旗（文匯報攝）

以降，西方文化中出現了一種史賓格勒所指的浮士德型人物，他們所表現的精神狂熱，已喪失西方世界古典時代的中庸和早期基督教的溫和性質。史賓格勒點出的西方文化浮士德型人物，恰恰可與梁漱溟所言西方文化第一條路向的生活樣法互相呼應。在香港的修例風波中，示威者狂熱地追求他們宣稱的「雙普選」，以為借此就可以改造香港，更可以一勞永逸地完結「亂世」及「暴政」。他們呈現的狂熱與衝動，即誓要與香港及中國內地「攬炒」，要麼給我所要的自由民主，要麼逼使中國內地出手鎮壓，從而令西方世界出手制裁「極權」，結束「暴政」！如此態度和行徑，相當吻合西方文化中浮士德型人物的特徵，也與梁漱溟所提出的第一條路向之奮進改造生活樣法，相當吻合。

不過，值得一提的是，將西方文化代表性人物浮士德與香港的暴動者相類比，實有抬舉後者之嫌。因為無可置疑的，香港這些暴動者表現出來的，是西方文化最劣質的一面，可稱之為劣質的浮士德型人物，或者是極端主義者，他們的特徵不在於他們相信甚麼，不在於將他們歸類為左派或右派，而是他們要將其政治理念推至極端，不擇手段，孤注一擲，更無視所引發的嚴重後果，以至危害自己及他人的生命財產也在所不惜。因此，他們並非仍能知所進退的激進主義者，而是具備了恐怖主義性質的極端主義分子。事實證明，在 2021 年七一回歸日，便發生了一起本土恐襲事件，行兇者在刺傷一名警員後，自戕而死。幾天之後，警方亦搗破一個名為「光城者」的港獨恐怖主義組織。據警方資料，該本土恐怖組織正密謀在公眾地方進行恐怖襲擊。

當然，如此極端的人只佔香港民眾的一小部分，但值得憂慮的是，反中暴亂的不少參與者，其情緒和狀態或多或少帶有浮士德型人物的特徵。如果環境許可，限制消除，肯定會有更大規模的禍害出現，甚至會有類似法國大革命般的暴亂和血腥場面，因為在暴動者眼中，意見不同者，甚至立場中立者，都是「普遍真理」的絆腳石，都要加以「清理」。

即使如此，我們並不認為香港已經全然變為一個西方人的社會，即使已有不少人融入了西方文化，並且不再秉持調和、持中、妥協的生活態度。香港社會面對新冠肺炎的處理方法和對應，仍然體現出儒家文化圈的特色和素質。因此，我們可以斷言，修例風波所引發的動亂，只是偶然性事件，我們稱之為利維坦公權力暫時缺位。在利維坦公權力暫時缺位的時空之下，或者說在沒有一個共同權力使大家懾服的時候，人們便處於所謂「一切人對一切人戰爭」的叢林「自然狀態」之下，導致諸般亂象。若利維坦

的絕對權力被大家所預見，並為之懾服，情況就會相當不同。這正如《香港國安法》在 2020 年 6 月 30 日生效之後，香港未有再遇上霍布斯的「一切人對一切人戰爭」了。所以說，香港依然是一個中國人社會，但要加上一個稱號，即極之西化！

對於這個極之西化的「西化」，需要多作點闡釋。所謂西化，對之可以有不同的理解，如甲午戰爭後，中國的有志之士先是學習西方的器物，繼而學習其政治制度（君主立憲、代議政制），到了五四運動，進而倡議全盤西化，重點是以民主與科學為核心的西方文化。本章所指的西化，主要指梁漱溟於百年前所定義的西化，即積極、勇敢地用力解決生活中的問題。梁漱溟的定義，與德國哲學家叔本華唯意志論的西方文化意欲說法相近，是梁漱溟說的文化第一條路向。

小結

本章頗為大膽地運用梁漱溟百年前提出的三條文化路向，按其定義跨時空地比較中、西文化的主要特徵。這或有簡化之嫌，但運用這樣的比較來分析香港 2019 年反中動亂的一段特定時空，也算符合現實。同樣重要的，是歷史學家史賓格勒所說的浮士德型人物，這種人物具有狂熱精神。用浮士德型人物來形容香港的暴動者及反對派的「攬炒」分子，正反映了公權力缺位下，暴動者及「攬炒」分子自以為居於道德高地，自以為他們所相信的就是「普遍真理」，於是可以任意征服及摧毀持不同見解者，這正是浮士德型人物的狂熱本能！

中國文化的特徵是重視個人修養，樂天知命，不計較利害得失；因而造就了梁漱溟所言的自我調和、持中，是他所說的第二

2019 年 10 月 1 日，「沒有國慶，只有國殤」示威，香港多區均有集會或遊行抗爭，有商舖被破壞，寫上「支那」、「十一國殤」等標語，中環德輔道中、永和街交界，有人燒國旗（文匯報攝）

條路向。這正好能克制人類欲望及衝動的本性。西方文化自十世紀起，就算是在宗教凌駕於國家之上的年代，亦不斷出現戰爭，包括對中東回教國家的「十字軍東征」。這顯示基督教於 380 年成為羅馬帝國國教之後，亦未能抑制其向外追求無止境欲望及衝動的內在文化本性。

文化的根源在於意欲，這正是西方文化接上了浮士德型人物狂熱及衝動之處，並拋棄古希臘哲人對於「至善」及絕對道德的追求，而走向無止境的欲望擴張；更由於基督教後來也被改造，在沒有宗教的抑制下，即使自毀也是意欲的一部分！從這一總結，我們便可理解鼓吹以「攬炒」推倒香港及內地共產政權者的文化根源所在！

2019 年由修例風波轉化的反中動亂，凸顯了香港已經不自覺地變成為一個極之西化的中國人社會。這次動亂使我們重新認識香港，尤其是西方文化的浮士德型人物及精神特徵。需要注意，某一種文化或精神類型一旦形成，就算客觀環境不再配合，其生命力亦可能延續一段時間。在本書的隨後章節，我們會討論香港的劣質浮士德型人物，在利維坦公權力復位後，他們仍然會死心不息。

第三章：
斷裂的歷史觀與西方話語霸權

　　港獨分子及泛民主派缺乏全局式和系統性的中國歷史觀，他們將中國的某段歷史事件從整體的歷史發展及政治傳統中割離出來。正是在這種斷裂的歷史觀之下，促成了這場反中動亂。那麼，何謂整全的歷史觀？

　　歷史觀是指根據事實而對歷史的解釋及觀點，因此，判斷史實的性質至為關鍵。反中動亂源於泛民主派要爭取西方式民主，認為中共政權專制獨裁，西方民主式自由才有人權保障，所以要爭取民主，以此抗共。就此，強世功指出：「一國兩制」國家理論中，現代國家為由社會契約建構的 state，其延伸則為代議民主主張。故此，我們要首先判斷，這樣的觀點是否合乎歷史事實，這便是本章要探討的，共分三部分，第一部分描述泛民主派的斷裂歷史觀及其依據的政治傳統，並檢視這樣的歷史觀和政治傳統是否吻合中國固有的傳統；第二部分探究政治傳統的歷史及文化根源，以及近代中國人何以喪失了民族及文化自信，接受了西方的話語；第三部分聚焦於西方話語所虛構的「東方專制主義」，將之和明朝利瑪竇及清末丁韙良（William A. P. Martin, 1827–1916）等西方人對中國的觀察作對照，以說明中國政體的實際情況。

斷裂的歷史觀及國家與社會的對立關係

探討港獨分子及泛民主派的割裂歷史觀，必須從 1989 年在北京天安門發生的「六四」事件說起。我們不糾纏於「六四」事件的是非問題，着重的是這政治事件改變了中國的發展。出乎外界的預測，「六四」事件之後，中國不但不走回頭路，而且更加開放，經濟增長持續了 30 多年，徹底改變了中國的面貌——不但經濟實力愈顯雄厚，國家綜合力量也大幅提升。吊詭的是，身處香港的反共人士卻將中國定格和聚焦於「六四」，無視之後 30 多年的巨大變化，這種歷史觀遺禍不淺。

支聯會每年都在香港舉辦「六四」集會及遊行，在其 2019–2020 年的工作報告中，一如既往地稱中共是專制和獨裁政權；將 2019 年香港的暴動者的破壞形容為「抗爭」，而支聯會與暴動者的關係是「兄弟」，即所謂的「兄弟爬山，各自努力」；而面對《香港國安法》，其對策是「最重要是在各自努力，如何戰勝極權這座大山？」。[1]

支聯會每論及中共政權，必然加上「專制和極權」來形容。如此說法令人想起日本歷史學者溝口雄三的記載，內容是中國流亡作家鄭義與日本諾貝爾文學獎得獎者大江健三郎之間的書簡交流，鄭義說：

> 所謂一個中國是一個虛構。實際上存在着兩個中國人的國

---

1. 香港市民支援愛國民主運動聯合會：〈前言〉，載《第三十一屆常務委員會全年工作報告及財務報告（1/7/2019–30/6/2020）》（香港：香港市民支援愛國民主運動聯合會，2020），頁 1。

家。一個是自由民主的台灣，還有一個是既不自由亦無民主、在安全保障上構成威脅的中華人民共和國。

中國既沒有民主主義的憲法，亦不存在獨立的法官，尤其嚴重的是人民沒有知情權；由於對核戰爭的恐懼一無所知，故對核武器一點也不恐懼。[2]

鄭義當然不願提及，在中華人民共和國成立初年，毛澤東等領導人冒着美國核彈的威脅，出兵朝鮮半島。溝口雄三批評鄭義對 11 年裏（書簡寫於 2000 年）中國發生的巨變毫無興趣。他如此評論鄭義：

或許他的時間還停留在 1989 年 6 月 4 日的那一天？

他難道不是通過敍述天安門事件前後中國的非民主部分而掩蓋了除此以外的許多民主的部分，從而使得整體結構失掉了真實性嗎？[3]

鄭義寫於 2000 年的書簡，與香港支聯會的論調相當雷同，都將中國定格於 1989 年「六四」事件那一天。這種「斷裂的歷史觀」無疑對香港人的國家民族認同造成負面影響，前支聯會副主席鄒幸彤的經歷，便是典型個案。鄒幸彤於 1985 年出生於香港一個中產家庭。1989 年「六四」事件時，只有四歲，母親開始帶她參與支聯會的遊行集會，往後除非不在香港，鄒幸彤每年都參加「六四」晚會。鄒幸彤有一個弟弟名叫鄒學希（1989 年 7

2. 溝口雄三著，王瑞根譯：《中國的衝擊》（北京：三聯書店，2011），頁 4–5。
3. 同上，頁 5。

月生），取名為「學希」，意思是「學運的希望」。鄒幸彤就讀於傳統女子名校，成績優異，其後入讀英國劍橋大學物理學系，一邊讀書一邊在海外搞中國維權活動。她其後發覺人權工作才是她的興趣所在，於 2010 年放棄修讀博士學位，回港工作。她先在支聯會工作了幾個月，並加入香港非政府組織中國勞動透視。因處理勞工維權，鄒幸彤於香港大學專業進修學院進修法律，並於 2016 年成為大律師。2015 年，鄒幸彤擔任支聯會副主席，積極地為被捕者提供法律支援。在 2016 年的旺角暴動案中，鄒幸彤是其中一名被告的律師團隊成員，又支援「12 港人關注組」，[4] 結識「攬炒派」成員鄒家成，及後在「初選」案件中為其辯護。[5] 從鄒幸彤的個案來看，我們不難發現「斷裂的歷史觀」對國族認同的影響。鄒幸彤從小就被灌輸「中共是獨裁專制」的觀念，家庭對她的影響十分重要。鄒幸彤肯定不是個別案例，而是暴動者和泛民主派的一種典型。

泛民主派相信那套源自霍布斯《利維坦》一書所建構的理論，即西方政治（政府）與社會（個人）之間為一種對立關係。國家與社會兩者間最理想的關係，正如《自由的窄廊》一書的兩位作者所勾畫的「關在籠子裏的政府」，即「籠中利維坦」。在這種觀點之下，中國共產黨實行的中央集權制人民民主便被描繪為極權和專制，人民時刻都生活在奧威爾（George Orwell）

---

4. 2020 年 8 月 23 日，12 名香港人據報於保釋期間乘坐快艇企圖潛逃到台灣途中，被廣東海警局拘捕。

5. 上述鄒幸彤的經歷及政治轉變，見〈鄒幸彤謀做「一姐」 引爆支聯會內訌〉，大公文匯網，2021 年 8 月 11 日；〈30 年後，香港還會有幾多個鄒幸彤？〉，港人講地，2021 年 9 月 6 日。

《1984》「老大哥」的嚴密監視下。如曾留學哈佛大學的「紅三代」著名博主兔主席（原名任意）這樣形容他們的思維：「老大哥沒事成天盯着你。蛛絲馬迹的問題就要抓住你，處理你。你的每一個與體制不符的微小行為都會給你帶來實質的危險。」[6]

若歷史觀並不如此「斷裂」的話，他們一定對當今中國所發展出的一套異於西方的國家與社會的關係，感到無比驚訝。兔主席表示，《1984》「老大哥」那種集權體制的想像，使人們對公權力及近十年興起的數位化管理社會「非常恐懼」。他表示，經過 2010 年代初期的微信支付實名制、中期的手機實名制、後期的人臉識別應用普及化，以及 2020 年新冠肺炎防疫抗疫的成功經驗，中國普通老百姓已經確信公權力不會濫用資料，並享受到實名制的好處、安全和方便。因此他認為，「老大哥」的專制想像與實際情況相差甚遠。他總結道，「只要你不違法，並沒有人關心你。甚至說，即使你技術上違法了，只要沒有引起關注，只要沒有形成一個案子，也不會有什麼後果。」[7]

兔主席的說法並不一定是事實的全部。但顯然，若你奉公守法，沒有從事危害國家的事情，不見得政府會找你麻煩。可惜的是，流亡海外的鄭義與今天香港泛民主派一樣，只聚焦於中國的「負面」事情，不願看到中國歷史發展的脈絡，以及今天中國的全面發展。

在中國的傳統中，並沒有國家與社會對立的概念。反而君主應以民為本，士大夫階層應以修身、齊家、治國、平天下為己任。

---

6. 兔主席：〈從防疫、反恐到氣候問題上拯救人類：中國模式的更進一步 —— COVID-19 的歷史分水嶺（二）〉，網易，2021 年 4 月 6 日。

7. 同上。

國家與社會是融合而成一體，而非對立的。誠然，中國傳統並非完美無缺，亦有自身弊端，但我們切忌用西方之主流價值，和所謂政治正確的角度看待中國傳統文化。中國歷史上諸如商鞅（約前 390–前 338）《商君書•修權》所言的「權制獨斷於君則威」，荀子（約前 313–前 238）《王制篇》所謂的「才行反時者死無赦」等常被引用，作為中國歷朝專制獨裁的歷史根源，毛澤東也不例外。[8] 但如果細究，便知這些說法是偏見，商鞅所言的「君權要獨斷」，今天西方的民主政府亦實行，也需要由領袖獨斷，例如美軍當年入侵伊拉克，便由時任總統布殊獨斷。按照西方的主流觀點，政權的合法性在於選舉，但是，相對於選舉，國家治理的績效，是否也構成政權的合法性基礎呢？中國自古以民為本，獨斷是否也可以以民為本呢？若選舉只是選出權貴，而獨斷卻達到以民為本的績效，那麼應選取前者抑或後者呢？

先秦時荀子提出「才行反時」的說法，是基於法治的思想。刑法是荀子法治思想的根本，他認為人性本惡，沒有刑法不足以約束，不能使人克己復禮。但問題在於是否一律以死刑對付。若用現代法律觀念的「對稱原則」，這當然過重。然而，荀子所身處的春秋戰國時代政局紛亂，用刑重有現實需要，此外還有源自商周奴隸制的影響，因而偏向嚴苛和殘忍。從現代言論自由的標準來看「反時」，自然是將之視為專制。但若對付叛亂，則將嚴重者判處死刑亦合乎現代社會的價值標準。

今人批判毛澤東「獨裁」，但這獨裁有其歷史發展背景。至於用「獨裁專制」來評估今天的中國共產黨政權，實在偏頗。

---

8. 嚴家炎：〈評五四、文革與傳統文化的論爭〉，《二十一世紀雙月刊》，總第 42 期（1997 年 8 月），頁 135。

上文提及的兔主席言論或是一家之言，但我們可以從近代史的角度，以西方霍布斯的國家社會分權觀點進行分析。內地學者蕭功秦認為，中國自鴉片戰爭以來，備受列強欺凌，清末的洋務運動、戊戌變法，民國早期共和制等都以失敗告終，其癥結在於中國是個超大型落後國家，缺乏「極其強有力的組織力量，包括用類似於宗教強有力的信仰的意識形態，以及強有力的運用組織力量的領導者。」[9] 而毛澤東恰恰具備這種能力。他運用列寧主義先鋒黨的理論，克服了中國碎片化（即孫中山 [1866–1925] 所指的「一盤散沙」）的狀態，由「強國家」把「弱社會」組織起來。後來革命勝利，領袖權力缺乏制約，才釀成了大躍進和文革等慘痛教訓。如此看來，這其實也是個法治問題，與民主並無相關，我們不可以孤立地認識歷史，抽空歷史事件的發展脈絡。蕭功秦認為，正是這種「強政府、弱社會」結構，造就了鄧小平改革開放的成功。[10]

我們認為要從一個整全及歷史發展的角度來看待問題，蕭功秦認為，「強國家、弱社會」結構不利於解決改革開放累積的許多矛盾，例如社會對腐敗的制約能力弱、民窮造成消費需求不足、國企經濟效率遞減、社會創新能力弱化等問題。[11] 姑勿論我們是否同意這觀點，中國發展的大趨勢是「強國家」之外，還有從歷史角度得來的適度「強社會」，如此才能形成內循環、發展民企、創造就業等有利於適度「強社會」發展的因素。兔主席認為政府近年對數位化的管理，「專制想像與實際情況相差甚遠」，

---

9. 蕭功秦：〈中國模式的形成及其前景〉，社會觀察，2010 年 12 月 13 日。
10. 同上。
11. 同上。

2019 年 6 月 26 日，1,500 名網民響應 Telegram 號召，到 19 個駐港總領事館及辦事處馬拉松式請願，英國駐香港總領事館由副領事彭雅慧（Esther Blythe）代表接收請願信（文匯報攝）

2019 年 7 月 1 日，示威者衝擊並闖入立法會，塗污主席台、區徽塗上黑色油漆、在座位上鋪上港英時期的旗幟、橫掛「萬劫不復退無可退」標語（文匯報攝）

2019 年 11 月 2 日，民主派 128 位區選候選人於維園集會，示威人士舉英國旗、美國旗、港英龍獅旗（文匯報攝）

2020 年 7 月 1 日，七一遊行反國安法，外媒記者於銅鑼灣示威現場（文匯報攝）

因為政府有客觀需要放寬對社會的管理。

　　為何我們對支聯會及泛民主派的歷史觀如此感興趣呢？因為若沒有泛民主派的支持，反中動亂便不可能如此暴力，以及持續如此之久！根據王卓祺的分析，這個反中動亂的政治力量結構可以概括為三個層次；最前線及頂層是極端的港獨暴動者，中間是泛民主派政黨、民間組織、一些親泛民主派傳媒，最低層是一般群眾，以中青年人為主，遍及各界別。[12] 若沒有反對派為

2019 年 10 月 14 日，劉穎匡發起集會敦促美國眾議院通過《香港人權與民主法案》（文匯報攝）

暴動者護航，積極為其說項，掩飾其暴力性質，則修例風波最終也會如之前 2012 年的反國教運動及 2014 年的佔中運動，保持「和理非」的政治特色。香港泛民主派刻意將中國定格於 30 多年前的「六四」，是否為了運動本身或其組織的生存、發展需要？是否故意忽視對國家及民族發展有益之事呢？無論如何，這亦反映彼等完全接受西方一套話語，並視中國自秦漢以降的政治傳統為

---

12. 王卓祺：〈對香港反中動亂的幾點觀察〉，《明報》，2019 年 8 月 9 日，第 A28 版。

專制主義，而中共政權正是這個政治傳統的承繼者。若沒有實行民主政治，一定民不聊生，政權遲早崩潰。不然的話，泛民主派向來反共不反華，何以面對暴動者的辱華口號「支那」，他們毫無反應、默不作聲呢？這說明了這批人將西方自由民主價值置於民族尊嚴及利益之上，他們以為暴動者加上外部勢力便可以「變天」，於是輕易地作出交換。從這一點看，他們其實是假洋鬼子，不是真正的中國人！

泛民主派斷裂的歷史觀源於完全接受了西方的一套自由民主話語，但即使從西方關於國家與社會對立的論述來看，說中國歷來是專制也與史實相距甚遠，這其實存在兩套不同的歷史觀，存在兩種政治傳統。

西方話語霸權的歷史根源：
中國人如何喪失文化及民族自信

自鴉片戰爭開始的百年間，擁有五千年文化的中華民族不單止淪為半殖民地，更喪失了對自己制度、文化及民族的自信。甲午戰爭對國人的打擊尤大，中國居然慘敗於一直向我們臣服的日本，被迫簽訂《馬關條約》，賠款白銀二億兩，割讓遼東半島及台灣。至此，以魏源「以夷長技以制夷」為目標的洋務運動失敗。1898 年光緒帝的戊戌變法亦無結果，然後是 1900 年八國聯軍入京，導致喪權辱國最為嚴重的《辛丑條約》，賠款四億五千萬兩白銀，國庫空虛，民窮財困。

隨着清朝於 1912 年退出歷史舞台，國人對自身固有的政治制度及文化傳統喪失信心，積極謀求變革，其激烈的程度，以致

於有廢滅漢文的主張。[13] 在政治方面，儘管已由帝制改為共和，但是未為國家帶來新的秩序。激進思想者認為，中國必須作出徹底的社會及文化變革，才能趕上西方國家，[14] 對此，汪暉認為，自 1911 年辛亥革命開始，到 1976 年毛澤東的十年文革為止，是中國人「漫長革命」的激進年代，他稱之為「短二十世紀」。[15]

但今天的中國，已經不是百多年前的中國，一如彭德懷（1898–1974）在抗美援朝戰爭後所說：「西方侵略者幾百年來只要在東方一個海岸上架起幾尊大炮就可霸佔一個國家的時代是一去不復返了！」[16] 今天的中國，已經是全球第二大經濟體；以購買力平價作標準，中國經濟總量已超越美國；若以市場匯率計算，預測到 2030 年或更早，中國經濟總量會超越美國。在當前的中美博弈，中國在經濟總量、科技（包括軍事及科技核心技術）及金融等三個方面遜於美國，軟實力也是短板所在。在軟實力當中，關鍵在於話語權的掌握，在全球範圍，話語權基本上仍在西方的掌握之中，最近幾年的新冠肺炎是個例子。疫情出現後，西方政客及傳媒惡意地稱之為「武漢肺炎」或「中國肺炎」，特朗普政府借之攻擊中國尤其厲害。在他們領導下，香港的反共媒體及港獨分子亦步亦趨，罔顧事實，借疫情攻擊中國。攻擊的方法，是罔顧事實，指稱中國的「專制」政權必然隱瞞疫情。在這

---

13. 曹錦清：《如何研究中國》（上海：上海人民出版社，2010），頁 68。

14. 修遠基金會：〈從激進革命到傳統文化復興：當代意識形態重建的歷史契機〉，《文化縱橫》，2015 年第 6 期，頁 19。

15. 汪暉：《短二十世紀》（香港：牛津大學出版社，2015）。

16. 〈這場戰爭，讓一個時代一去不復返〉，新華社，2020 年 10 月 22 日。

裏，我們不妨從疫情控制的角度和具體的績效將中國和西方國家的防疫抗疫比較一下。根據 2020 年 7 月 13 日的國際比較資料，在新冠肺炎肆虐的首半年，中國有 8.5 萬宗確診，累計病死 4,600 多人，而美國同期累計確診人數 336 萬，病死 13.7 萬。其他西方大國情況雖沒有美國惡劣，但亦相去不遠，例如英國的同期累計確診 29.1 萬人，死亡 4.5 萬人；法國同時期分別為 20.8 萬及 3.0 萬人。[17] 若以百萬人病死率來計算，2020 年 7 月 20 日分別為：中國 3.26，美國 428.24，英國 843.25，法國 303.84。[18] 從國家治理角度而言，中國的績效亮麗，值得自豪。這種績效也可從跨國調查反映出來。一項跨國調查發現，85% 的中國民眾滿意國家處理冠狀病毒的表現，是 23 個接受採訪國家之中最高的；而西方國家之中比例超過 50% 的只有新西蘭（56%），美國只有 41%。[19] 雖然如此，這並不代表外國民眾不會將新冠肺炎疫情的責任歸咎中國，「中國病毒」、「武漢肺炎」的說法仍然流行，在美國的亞裔人甚至因此而受歧視或被襲擊，這正是中國沒有掌握話語權的後果。

新冠肺炎疫情本屬全球衛生和醫療問題，卻被作為政治話題，這說明當今的全球話語體系仍然是西方主導。針對這種不正

---

17. 〈全球新冠肺炎病例數字〉，東網，2020 年 7 月 13 日。

18. Edouard Mathieu, Hannah Ritchie, Lucas Rodés-Guirao, Cameron Appel, Charlie Giattino, Joe Hasell, Bobbie Macdonald, Saloni Dattani, Diana Beltekian, Esteban Ortiz-Ospina, and Max Roser, "Coronavirus Pandemic (COVID-19)," Our World in Data, accessed 24 July 2020, https://ourworldindata.org/coronavirus.

19. "Most Countries' COVID-19 Responses Rated Poorly by Own Citizens in First-of-its-kind Global Survey," Blackbox, 6 May 2020.

常、不公平現象，內地學者曹錦清認為，中國民族復興一定要重
建本身話語。他預計，隨着中國崛起，全球話語之爭不可避免，
而中國人口眾多，在這場話語權之爭中十分有利。曹錦清認為，
過去五百年來的西方「大國」，與今天崛起中的中國不可同日而
語，葡萄牙崛起時只有一百萬人口，荷蘭一百多萬人，西班牙
四、五百萬人，英國的核心區英格蘭大概五百萬人，法國大概兩
千多萬人。這些西方「大國」還只是百萬級及千萬級人口。但今
天的中國是 13 億至 14 億人口，總數比西方國家的總和還要多。
以人口的規模來說，中國崛起必然改變全球的整個資源配置和格
局。[20] 但是，中國能否因此而在話語權之爭中勝出，還要拭目以
待，不宜過分樂觀。

　　曹錦清上述的觀察與百多年前美國學者羅斯（Edward
Ross，1866–1951）的「黃禍」説異曲同工。羅斯清末民初到華
考察，結論是中國的四億人口比西方總和還要多，一旦這些勤勞
和聰明的中國人與西方的技術結合起來，必然產生大量的廉價
商品，傾滿全球，導致「黃禍」。[21] 羅斯這個百年前的觀察，可
以作為今天美國為何要遏制中國崛起的注腳。2018 年 10 月初，
時任美國副總統彭斯（Mike Pence）聲稱中國大規模偷取美國技
術，[22] 但實際上在 2016 年，中國申請發明專利的數目全球第一，

---

20. 曹錦清：〈以制度研究推進話語體系重建〉，《文化縱橫》，2017 年
　　第 4 期，頁 92–93。

21. E. A. 羅斯（Edward Ross）著，公茂虹、張皓譯：《變化中的中國人》（北
　　京：時事出版社，1998），頁 115。（原作首版年：1911）

22. 〈彭斯副總統有關美國政府中國政策講話全文翻譯〉，美國之音，
　　2018 年 10 月 5 日。

有 131 萬項，美國只有 53 萬項；中國每年畢業的自然科學及工程學本科生人數亦變得全球最多。[23] 針對中國竊取技術的指控，時任中國駐美國大使崔天凱 2018 年時說：「難以想像這世界五分之一的人口在謀求發展和繁榮時，主要依靠的不是他們自己的奮鬥，而是從別人那裏偷竊，或者強制別人轉移技術。」[24]

中國的崛起，還會伴隨着中華文明的復興，這可能會帶來話語權的復興。不過，曹錦清提醒我們，重建中國的話語體系一點不容易，關鍵前提是民族自信。

這個民族自信的提法我們又應如何理解呢？我們不妨追溯到清朝廢除科舉制度的 1905 年，廢除科舉其實關乎中華民族的教育及政治精英選拔體系。可以說，廢除科舉即是廢除了中華文化的學習和價值載體。自此，以儒家為主的經典及其背後的人生觀、價值觀及宇宙觀，便日漸式微，並被視為保守、陳舊，會阻礙中國向前發展。固有傳統被拋棄，便催生了激進思潮，認為必須徹底摧毀傳統文化，才能謀求全盤西化，其結果，自然是民族自信動搖，然後喪失。

如此形成的文化真空和缺乏自信，見於社會和民眾日常生活的各方面，例如中服換成了西服，農曆改為西曆，一周七天的基督教作息秩序亦逐漸成為中國人的生活時間框架，原來的朝代紀元換上基督教的西元、世紀、年代等西方的時間概念。當然，我們也可以換個角度看這問題，參考李零的說法，將中華民族作為

---

23. 任澤平、連一席、謝嘉琪：〈中美科技實力對比：全球視角〉，戰略前沿技術，2020 年 2 月 17 日。
24. 〈中國的發展靠的是竊取智識產權？ 崔天凱：請美方拿出證據來〉，中華人民共和國駐美利堅合眾國大使館，2018 年 10 月 15 日。

一個文明漩渦，開放包容、有容乃大地吸收這些來自西方的新事物。但關鍵是我們還有足夠的民族自信和文化自信來應對嗎？

西方話語虛構的東方專制主義：
中西政體的歷史溯源

將中國傳統政體視為專制主義，並不符合西方先哲的說法。在亞里士多德的政體分類中，中國的確是一人統治，但若這一人統治是為多數人或國家的共同利益服務，便應將之歸類為有德性的君主政體，而非專制政權。法國啟蒙思想家孟德斯鳩從未到過中國，他對中國的傳統君主政體有這樣的品評：「中國是一個專制國家，它的原則是恐怖。」[25] 馬克思及德國社會學家韋伯（Max Weber，1864–1920）亦有類似說法。[26] 二戰後美蘇冷戰時，德裔美籍歷史學者魏特夫（Karl A. Wittfogel，1896–1988）發表《東方專制主義》（Oriental Despotism），[27] 更鞏固了孟德斯鳩以來西方話語對中國政體的偏見。

根據英國政治學者霍布森（John Hobson，1858–1940）的著作《西方文明的東方起源》（The Eastern Origins of Western Civilisation），歐洲的發明及進步有賴於中國的早期發明。但於1700 至 1850 年間，歐洲人按照他們自己的想像將世界分為兩個

---

25. 孟德斯鳩（Montesquieu）著，張雁深譯：《論法的精神》，上冊（北京：商務印書館，1978，頁 129。（原作首版年：1748）

26. 約翰・霍布森（John Hobson）著，孫建黨譯：《西方文明的東方起源》（濟南：山東畫報出版社，2009），頁 11–17。（原作首版年：2004）

27. Karl A. Wittfogel, *Oriental Despotism: A Comparative Study of Total Power* (New Haven: Yale University Press, 1957).

對立的陣營，即西方和東方（或西方世界和其他），東方主義
（Orientalism）或歐洲中心論便因此而形成。無論是東方主義或
歐洲中心論，其實是出於西方殖民主義拓展領土及貿易的需要，
並以此而把自己裝扮成東方世界及非歐洲世界的拯救者，其實是
一塊道德遮醜布。在這種對立中，西方世界被塑造為擁有各種美
德的文明，如理性、自由、民主、高效，而東方則被想像為非理
性、腐敗、專制、落後。[28]

其實，與孟德斯鳩同時代的歐洲學者，對中國文明有不同
看法，如法國伏爾泰（Voltaire，1694–1778）便極為讚美中國文
明，他説：「我們不能像中國人一樣，這真是大不幸！」[29] 比伏
爾泰早的有利瑪竇，他在明神宗萬曆年間來華，將在中國的見聞
寫成《利瑪竇中國札記》，他去世後耶穌會會士金尼閣（Nicolas
Trigault，1577–1628）將之整理，1615 年在德國出版，利瑪竇的
中國見聞對歐洲有頗大的影響。

中國向來缺乏政體意識，自秦以來，中國一直奉行由君主
領導的中央集權郡縣制，以及由科舉及銓選（即禮部之考試，吏
部之選拔與任用官員）產生的士人政府，兩千年來雖改朝換代，
但政體不變。而西方人則不同，他們對政體一直十分關心，古雅
典哲者如柏拉圖（Plato，前 428/427–前 348/347）及亞里士多德
都為古希臘及鄰近地區眾多政體加以分類。利瑪竇秉承這傳統，
嘗試將中國政體歸類，但卻感覺十分困惑，因為難以運用西方政
體的歸類法。他看到一個皇帝，所以判斷中國應是君主政體。但

---

28. 霍布森：《西方文明的東方起源》，頁 7。

29. 朱謙之：《中國哲學對歐洲的影響》（上海：上海人民出版社，
    2006），頁 284。

皇帝在深宮裏，實際治理國家的是士大夫，看來這是貴族政體（aristocracy）；但歐洲貴族是世襲，而中國則人人可以參加科舉考試晉身士大夫階層，因此中國又可以說是一個民主政體。結果，他無法按照西方政體為中國歸類，這就是後來中國學者曹錦清所謂的「利瑪竇的困惑」。[30]

按照《利瑪竇中國札記》，中國並不是孟德斯鳩論述卜以「恐怖原則」進行統治的專制國家。利瑪竇這樣形容明神宗皇帝的決策過程：「雖然所有由大臣制定的法規必須經皇帝在呈交給他的奏摺上加以書面批准，但是如沒有與大臣磋商或考慮他們的意見，皇帝本人對國家大事就不能做出最後的決定。」[31]

利瑪竇對皇帝任命官員的權力描述如下：「我已做過徹底的調查研究，可以肯定下述情況是確鑿無疑的，那就是『皇帝無權封任何人的官或增加對任何人的賜錢，或增大其權力，除非根據某個大臣提出的要求這樣做』。」他也有記錄皇家開支的規定：「皇帝可以對家族有關的人進行賞賜，但是從他個人財產中提取。賦稅、關稅和其他貢品不入皇帝的金庫，皇帝也不能隨意處置這筆收入。用以維持皇室開支的大筆款項由國庫提取，但每項開支均由法律規定和管理。」[32]

總的來說，利瑪竇所看見的明神宗朝廷（1572–1620），就算在皇權獨攬之下，皇帝亦受文官系統的制約，必須依朝廷典章

---

30. 曹錦清：〈利瑪竇困惑，西方人自己給自己出的中國謎題〉，觀察者網，2017 年 12 月 9 日。

31. 利瑪竇著，何高濟、王遵仲、李申譯：《利瑪竇中國札記》（北京：中華書局，1983），頁 48。（原作首版年：1615）

32. 同上。

制度行事，故此不可以說是沒有法律的獨裁統治。這亦足證孟德斯鳩及魏特夫以東方專制主義描述中國政治制度不完全符合歷史史實。

比利瑪竇晚了兩百多年來華的美國傳教士丁韙良，在清朝統治下的中國生活了 60 年，他在 1901 年出版《漢學菁華》（*The Lore of Cathay*）一書，在其中如此讚美中國的政治制度：「這些令人敬畏、穿着刺繡官服，在隨從簇擁下大搖大擺從街上經過的威嚴官員們，其實並沒有世襲的爵位，也不是因皇帝寵幸而做官，更不是由臣民們普選出來的，因為大家都知道他們是靠自己的學識和能力獲得公職的。」[33]

丁韙良又引述美國第一任駐中國公使蒲安臣（Anson Burlingame，1820–1870）對中國的稱讚：「還有甚麼比給所有人『機會均等的激勵靈感』更能稱得上是真正的民主？」他補充道：「中國就是以這種真正的民主而傲視世界民族之林的。」[34] 丁韙良指中國的民主就是由平民出身的士大夫階層進行的統治，而他們經科舉制度「舉賢與能」而晉身，是一種平民治國的制度。

東方專制主義其實是孟德斯鳩的虛構，雖然只憑道聽塗說，但他的責難偏頗而嚴厲：「中國的專制主義，在禍患無窮的壓力之下，雖然曾經願意給自己帶上鎖鏈，但都徒勞無益；它用自己的鎖鏈武裝了自己，而變得更為兇暴。」[35] 孟德斯鳩對中國責難，可能源自他對當時天主教教皇權力及教庭腐敗的痛恨，因而借中

---

33. 丁韙良（William A. P. Martin）著，沈弘等譯：《漢學菁華》（香港：中華書局，2007），頁 247。（原作首版年：1901）

34. 同上。

35. 孟德斯鳩：《論法的精神》，上冊，頁 129。

國的「專制主義」而暗批羅馬教會。至於魏特夫東方專制主義的推論，是古代亞洲乾旱地區必須動員大批人民興建水利工程，由此而導致專制暴政。這樣的分析被何炳棣的研究否定，因為中國華北最早的農業是旱地耕作，與灌溉毫無關係。[36] 其實，中國自古已有集中國家力量辦大事的傳統，如大禹治水防澇，戰國秦國建鄭國渠，隋朝建大運河等，都是民生工程，而非專制暴政的起源。

當然，我們亦要正視中國王朝體制存在的專制獨裁事實，尤其是短短 15 年便覆亡的秦朝，史家的共識是秦由於嚴刑苛法而亡，《漢書·食貨志》便說秦朝力役「三十倍於古，田租口賦，鹽鐵之利，二十倍於古。」秦自商鞅變法以來，法令十分嚴苛；一人死罪誅及三族，一家犯法鄰里連坐，民眾動輒被罰當苦役或慘遭酷刑。[37] 今天，專制主義這名稱被利用作為抹黑共產政權的話語工具，屬於冷戰文宣的一部分，首先抹黑蘇聯，然後是中國，本質上是缺乏歷史佐證，是因應意識形態的需要而作的想像。所謂意識形態，我們在前文已引用過阿爾都塞的定義，即它「代表了個人與其真實存在狀況的想像關係」，[38] 是基於價值偏好，而非客觀事實。可惜的是，意識形態的滲透及控制無處不在，話語的掌控無遠弗屆，可說是全方位的。

不過，話語控制有其客觀限制。一些重大歷史變動或客觀因素會削弱意識形態再生產的能力。例如將「東方專制獨裁政權」

---

36. 何炳棣：《何炳棣思想制度史論》（北京：中華書局，2017），頁 68。

37. 陳佳榮：《中國歷代之興治盛衰亂亡》（香港：學津書店，1989），頁 157–158。

38. Althusser, *Lenin and Philosophy and Other Essays*, p. 149.

硬套在新中國黨國系統，希望呈現出一種政權腐敗、民不聊生、經濟落後的「現實」，但在真正的現實中，這些狀況並不普遍存在。中國這幾十年的變化，令我們逐漸看到這種基於意識形態的論述是刻意製造的偏見。

李世默說：若要讀懂中國的未來，將西方主流傳媒的重鎮《經濟學人》（The Economist）的相關社評反其意而讀之，就差不多了！[39] 他以 1992 年的中共十四大為例，當年的《經濟學人》評論中國在「倒退」，但那一年正是鄧小平發表了著名的南巡講話。到了 2017 年的十九大，中共總書記習近平宣布五年內中國總體上實現小康社會，《經濟學人》的社評對中國社會、經濟及政治狀況表示悲觀，結果一再顯示，其分析和預測都與中國的發展背道而馳。

這種東方主義意識形態想像，碰上了中國近 40 年的經濟持續高增長、社會民生大幅改善、綜合國力增強，便愈來愈站不住腳了。2008 年的國際金融危機及 2019 年的新冠肺炎爆發，都是重大的歷史事件，西方尤其是美國調整其政治話語，繼續以東方專制主義攻擊中國，但在事實面前，這樣的論述愈來愈缺乏說服力了。

小結

本章指出，香港的反共組織和人物如支聯會、鄒幸彤等，無視中國過去 40 年的急速發展，把歷史進程定格於 1989 年的

---

39. 李世默：〈兩岸猿聲啼不住，中國已達「新時代」〉，觀察者網，2017 年 10 月 25 日。

「六四」事件，以斷裂的眼光看待歷史，從意識形態出發攻擊中國。其實政體不可能一成不變，也沒有放諸四海而皆準的政體，採取甚麼制度，必須要植根於歷史承襲下來的政治傳統，及切合時代的需要，而非照搬和抄襲，我們賴以判斷的標準，在於它是否有績效。

本章亦嘗試解釋泛民主派斷裂歷史觀的歷史根源，指出自鴉片戰爭開始的百年國恥使中國人失去民族及文化自信，並擁抱激進主義思潮。如此思潮影響至今，為西方將中國誣衊為專制獨裁政權提供了基礎，甚至將 2019 年新冠肺炎疫情的爆發亦與所謂的中國專制政體拉上關係。這是歷史遺留下來的西方話語霸權，要改變並不容易，因為中國的文化內涵已經因為清朝廢除科舉和引入西學而產生難以評估的變化。今天的中國文化已非純粹的傳統中華文化，我們已吸收了不少西方文化及其生活方式！

本章最後探究東方專制主義這西方話語背後的歷史根源。我們並不諱言中國的王朝政體有專制獨裁之事實；然而，就算是在王權極盛的明清兩代，正如利瑪竇及丁韙良的觀察，士大夫官僚階層及朝廷的典章制度仍能制約王權。從理論角度來說，泛民主派相信的一套是源自霍布斯社會契約論建構的國家與社會分離的現代政治傳統。然而，中國傳統一向以民為本，士大夫以修齊治平為己任，國家與社會融合為一體，即所謂的家國天下。中國君臣以民為本的政治體制，接近古希臘柏拉圖及亞里士多德等所說的以德性即多數人利益為本的政體。然而，近代西方虛構出東方專制主義，成功營造了以西方為中心的話語霸權，這竟然又得到相當多香港人認同和崇拜，繼而將之轉化為反共甚至反中的意識形態政治偏見。現在中國崛起，除了在軍事、經濟及科技上要迎頭趕上外，還要從香港這次的反中動亂看到，中西意識形態的話

語交鋒非常激烈，西方的話語霸權依然非常強大，以致在「一國兩制」下的香港特區，仍有相當多人的歷史觀和意識形態偏向西方的一套。

第四章：

民主的前世今生與中國政治傳統的承繼問題

　　要重奪話語權，除了需要了解東方專制主義，還需要梳理西方民主政體的前世今生，以了解其性質和話語變化，並將之和中國政治傳統及制度對照，再而分析中國共產黨領導的人民共和國是否承繼了秦朝以降的政統，其治理是否有績效。本章延續第三章的討論，認為目前的西方民主是虛構的意識形態，它在前世被看作「壞東西」，改頭換面變為今世的所謂「好東西」。西方民主之前世與今生都具有廣場式政體的特質，但民主的今世或現代人人平等的觀念已成不可阻擋的時代潮流。在這個背景下，我們對照中國自秦以降的政治傳統，其中的「持法為齊」的思想和選賢與能的政治，可說是具有某種實質平等的民主版本，與古雅典智者講求的政體德性有雷同之處。本章最後分析港獨暴動者與泛民主派所信奉的並非甚麼民主，而是西方話語的港版東方主義。

民主前世被當作是壞東西

　　王紹光提到，在 1999 年底耶魯大學的國際會議上，有人提出一個簡單的問題：兩千多年來，「民主一直被看作壞東西，為甚麼它最近一百年來突然變成好東西」？王紹光直截了當的表示：今天的所謂「民主」，已經被改頭換面，是「已異化後的民

主、去勢後的民主、無害化的民主、去功能化的民主。」[1] 若要
了解他加在今天「民主」之前的形容詞，先要認識民主的本質，
才可了解其變化的始末。

余英時對民主政體的評估可以借鏡，他說「民主從眾不從
賢」。若這個民主政體的性質從來不變，那麼，變的是將民主政
體加入其他制度元素，或將之改變為其他政體但仍然用民主這個
稱謂。溯古追源，究竟甚麼是民主呢？我們要從古希臘雅典時代
說起。

簡單的說，民主是人民的統治，這是它最早及最基本的定
義。中國並沒有這樣的政治理論及體制，民主政體出現在與孔子
同時的歐洲古典時代，其中以古希臘雅典城邦的民主政治體制最
為著名（前 508–前 323）。[2] 同年代的古希臘還有其他政體，如
君主制、貴族制、寡頭制和共和制等。而民主制的本意是多數人
的統治，與君主制一人，貴族制少數人，有一個人數的對比。但
實際上，古雅典的民主制只是擁有公民權的雅典人才有權參與城
邦的治理。據王紹光的研究。在不同時期，雅典城邦公民數量介
乎 3 萬至 6 萬，雅典總人口在 30 萬至 50 萬之間；而在全盛時期，
雅典公民約 4 萬人，其妻兒約 5 萬人，還有 4 萬左右的外邦人，
像柏拉圖的學生、生於色雷斯城邦的亞里士多德，便因為屬外邦
人而沒有公民權，35 萬左右的奴隸當然也沒有公民權，故此，
只是約十分之一雅典人口是公民。即是說，古雅典多數人統治的

1. 王紹光：《民主四講》，頁 69。
2. 同上，頁 3。

民主制,實際上還是少數人騎在佔大多數的外邦人、奴隸之上的貴族統治。[3]

古雅典政治體制最重要的政權機關,是公民直接參與的公民大會,大會議決重大政治事宜,這和現代民主制選舉代議士或由政黨代辦的間接民主不一樣。古雅典有五百人的議事會作為執行機構,據王紹光的研究,議事會也不是選舉產生,而是以抽籤決定誰承擔這種公民義務。古雅典民主還有一個民眾法庭,也是抽籤決定成員。蘇格拉底(Sócrates,前 469–前 399)被判死刑,就是這個民眾法庭的判決。[4]

芬納稱民主為廣場式政體,其權力是由下向上授權。這類政體最著名的例子莫如古雅典,其壽命只約兩百年,但中世紀義大利城市如佛羅倫薩也實行民主制。芬納表示,廣場式政體的「合法性不在於大眾是否真的更加明智或者更加高尚。……即特定的政治行為不取決於一個命題的真假,而是取決於人們對這些行為的看法。」[5] 這與余英時「民主從眾不從賢」的提法如出一轍。

在芬納的《統治史》中,當民主政體出現時,大多數時間都表現出這類型最糟糕的病態特徵:

- 演說意味着蠱惑;
- 說服意味着腐敗、施壓、恐嚇和對選舉結果的篡改;
- 集會和公民大會意味着騷動和暴亂;
- 通過一整套糾偏制度所進行的深思熟慮,意味着自我分裂、反覆無常、行動遲緩和立法與行政上的低效;

---

3. 同上,頁 4。
4. 同上,頁 4–10。
5. 芬納:《統治史》,頁 47。

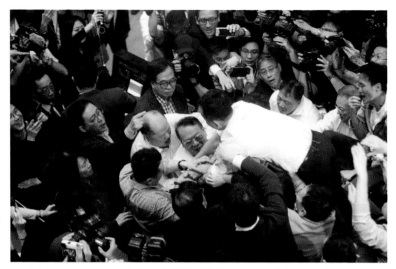

2019 年 5 月 11 日，立法會法案會議審議修訂《逃犯條例》，陳志全飛身搶奪石禮謙的傳聲器（文匯報攝）

• 　選舉意味着派系之間的勾心鬥角。

芬納認為，這些都是歐洲廣場式政體的典型特徵，直到最近都是如此。他表示，就是這些特徵使「共和蒙上了惡名，使『民主』成為人們恐懼的對象。」[6] 總而言之，民主政體並非與治理績效有關聯，反而與暴民政治等壞東西劃上了等號。

　　現代「民主」也具有上述廣場式政體的特徵，尤其是「集會和公民大會意味着騷動和暴亂」，這在東歐的顏色革命和阿拉伯之春最表露無遺。當然，其他廣場式政體的特徵如「立法與行政

6.　同上，頁 46–49。

2019 年 6 月 16 日，示威者遊行，要求政府撤回修訂《逃犯條例》，有人舉針對建制派標語「票債票償」（文匯報攝）

低效」、「政策反覆無常」、「黨派鬥爭劇烈」等政治亂象亦與現今的美國民主等同。美國政治學者福山認為，美國政體已淪為否決政治（vetocracy）。[7] 2020 年底美國總統選舉，尋求連任失敗的特朗普居然煽動支持者衝入國會，意圖阻止參眾兩院議員確認大選結果，這使西方民主權力和平過渡的優點蒙上了污點，是對美國民主燈塔形象的一記重擊。[8]

7. Francis Fukuyama, "American Political Decay or Renewal?" *Foreign Affairs*, Vol. 95, no. 4 (2016): p. 58.

8. 羅傑‧科恩（Roger Cohen）：〈對美國民主燈塔形象的一記重擊〉，紐約時報中文網，2021 年 1 月 8 日。

2019 年 9 月 28 日，「928 五周年紀念集會」示威，有標語寫着「我要民主」（文匯報攝）

2019 年 10 月 1 日，「沒有國慶，只有國殤」示威，香港多區均有集會或遊行抗爭，銅鑼灣街頭掛上黑紫荊旗、赤納粹旗（文匯報攝）

民主今世是競爭選舉的代議民主

自從古希臘為羅馬所征服，西方世界便一直把民主政體當作壞東西；就算在文藝復興年代，馬基雅維里的著作《君主論》(*The Prince*，1532) 及《論李維》(*Discourses on Livy*，1531)，亦是討論義大利君主制和羅馬共和制的治術及統治者的德性。而霍布斯《利維坦》一書之本意，是創造出一個擁有絕對權力的君主制。民主政體並未進入他們理想政體的視野之內。

十七世紀英國光榮革命 (1688–1689) 後，洛克 (John Locke，1632–1704) 發表《政府論》(*Two Treatises of Government*，1690)，倡議議會至上，但他仍未稱議會為民主，其議會的代議制目的只是限制君權。及至《美國獨立宣言》(1776)、法國大革命的《人權及公民權利宣言》(1789)，現代民主的政治平等理念才出現。法國人托克維爾 (Alexis de Tocqueville，1805–1859) 最早看到法國大革命是民主時代的來臨。[9] 但是法國大革命出現了雅各賓專政的恐怖統治，成千上萬的人，包括皇帝及貴族被送上了斷頭台。這種暴民政治與廣場式政體的民主具相同特質。美國的立國者比較冷靜，他們對民主政體的暴民政治本質有所擔憂，故在設計政體時十分小心，努力避免民主制度中因民粹政客取悅民眾而導致的國家衰落，故此不採取廣場大會直接決策制度。撰寫《聯邦黨人文集》(*Federalist Papers*) 之一的麥迪遜 (James Madison Jr.，1751–1836) 認為，民主與個人安全及財產權有牴觸，而且一般而言，這種政體是短命及在衰亡時充

---

9. 甘陽：〈自由主義：貴族的還是平民的？〉，《讀書》，1999 年第 1 期，頁 86–87。

滿暴力（《聯邦黨人文集》第十篇），但他卻又要回應民眾「人
人生而平等」的政治理想，「代議民主」一詞便由此誕生，即以
間接民主取代古雅典的直接民主。[10]

　　儘管美國的立國國父創造了「代議民主」的概念，實際上這
種政體與古典民主沒有任何關係。立國時候，美國的眾議院是直
接選舉代議士，參議院直至 1913 年前也是由州議會間接選舉聯
邦參議員，總統選舉的設計也是選民投票選舉選舉人，後者再投
票選舉總統。這些直接和間接民主相混合選舉代議士的設計，就
是為了排斥普通民眾直接參與政府治理，由少數精英代理。

　　可以說，現代西方民主就是代議民主而非代議政制。西方國
家最早實行普選的，是十九世紀的英殖紐西蘭（1893），二十世
紀初的挪威（1913），跟着是丹麥（1915）、英國（1928）、法
國（1946）；美國要到了 1965 年才落實普選權。正如上文所言，
十七至十八世紀西方政治家及學者對民主政體懷有深深的敵意，
包括撰寫《聯邦黨人文集》的美國立國國父。他們的《聯邦黨人
文集》就是探討如何避免古雅典民主制或廣場式政體，即那種容
易受極端激情感染的政治制度；因此他們鼓吹代議民主，即由選
舉產生的少數政治精英統治，故意將民眾排除於行政管理之外。[11]

　　從政體的性質而言，由精英代議士統治，就算加上「代議」
的「間接民主」話語，也不可說是人民統治。在古希臘政制，根

---

10. 王紹光：《民主四講》，頁 41。

11. James Madison, "The Same Subject Continued: The Union as a Safeguard
Against Domestic Faction and Insurrection," *Federalist Paper*, No. 10,
23 November 1787; James Madison, "The Senate Continued," *Federalist
Paper*, No. 63, 1 March 1788.

據亞里士多德的分類，這應稱為寡頭政體（oligarchy）或貴族政
體，其差異視乎是否為公共利益服務。在歐洲，把君主立憲如英
國光榮大革命後的限制君權，和君主要與貴族代表的議會協商徵
稅稱為代議政制，或稱為代議政府；但未將之與民主聯繫在一
起。[12] 將民主與代議聯繫一起組成「代議民主」，即完全將民主
脫離人民統治的本質，王紹光認為這是美國立國國父之一漢密爾
頓（Alexander Hamilton，1755/1757–1804）的傑作。[13]

　　1940 年代，奧地利裔美國學者熊彼特延續了美國立國國父
對民眾直接參與政府管治的擔憂。他認為民眾容易被自己的情緒
影響而喪失理智，因此，他將民主更清楚地界定為選民用選票選
擇候選人的代議民主，而非人民參與管治的制度。[14] 這樣，「選
舉代表」代替了「人民統治」，成為現代版「民主」的新定義，
民主由此變成了選民運用手中的選票，定期投票選擇代理人。至
此，民主的現代版——代議民主，成為了歐美國家自二戰後作為
攻擊蘇聯共產政權的冷戰宣傳話語。這種民主，變成選舉的政治
程序，並宣傳為政權合法性的依據。顯而易見，這將古典民主人
民直接參與公共事務的決策權力完全剝奪，難怪王紹光將這種代
議民主稱為「選主」。[15]

　　經過上文的簡短介紹，民主的前世今生已經相當清楚。廣
場式政體的民主被偷天換日，加上了「代議」，變成「選舉競爭
上位的代理人」而非由人民直接統治。假若這種政體能夠產生績

12. 王紹光：《民主四講》，頁 41。
13. 同上。
14. Schumpeter, *Capitalism, Socialism and Democracy*, pp. 269–283.
15. 王紹光：《民主四講》，頁 45。

效，也是可行。不幸的是，選舉代議士的民主政體並不容易選賢與能，例如 2016 年的美國便選出了滿口謊言、行事反覆無常的特朗普。有傳媒統計這位民選總統在其四年任期內，一共講了 30,573 個錯誤或誤導性的聲稱，平均一日 21 個。[16] 看來，美國立國國父對民主被煽動家利用的擔憂，以至熊彼特對公民喪失理智的顧慮，都未能阻止美式民主的墮落。

儘管美國立國精英絞盡腦汁，最終都無法避免選民被煽動，因而作出情緒反應或受個人利益驅使，最終違背國家長遠利益，這是何等的諷刺。正如我們追溯民主的演變，從人民統治的本意轉變為「選主」。民主政體表面上以選舉程序為政治制度合法性的依據，但實質卻是章太炎（1869–1936）百年前評估的「豪強自治」、「工商兼併」及「喻利輕義」的代議政體。[17]

西方現代代議民主亦有值得肯定之處，如固定任期、權力和平轉移和人人平等的選擇權等。在面積大的民族國家，一人一票的多數決制度，在缺乏共識的情況下，能夠在充滿衝突之下作出合法但不一定合理的決策。但這些都屬於程序性質，並不保證政治決定能解決實質問題，亦不保證政治領袖及政黨的素質及識見，以及選民不會出現「不在我後園症候群」（NIMBY）！[18]

---

16. Glenn Kessler, Salvador Rizzo, and Meg Kelly, "Trump's False or Misleading Claims Total 30,573 Over 4 Years," *The Washington Post*, 24 January 2021.

17. 王銳：〈大一統國家的存續之道：章太炎《秦政記》的政治文化意涵〉，《東方學刊》，2019 年第 2 期，頁 91。

18. 王卓祺：〈私利激情如何使民主劣質化：追求什麼民主的問題〉，《明報》，2014 年 3 月 31 日，第 A24 版。

所謂 NIMBY 的問題，可用盧梭（Jean-Jacques Rousseau，1712–1778）的公意與眾意來理解。他認為公意只着眼於公眾利益，眾意是私人意志也就是個別意志的總和。換言之，就算是通過投票，勝出的一方結果也可以不是公意，而是聚合了個別意志或派別利益。所以盧梭倡議，人們要對公眾事務有充分了解，及進行討論時彼此之間沒有勾結；那麼，從大量的小分歧中便總可以找出公意。[19]

不過，我們也不可以抹殺西方民主國家亦有不少成功例子。對於人性私利的考慮之外，獨立的司法制度及廉潔有效的公務員制度，並沒有國族、宗教及意識形態性等不可協調的政治裂縫都是重要的前提。瑞士在代議民主外，經常舉行全民公投，議決民眾關心的重大問題，例如 2016 年公投的議題，是否贊成成立「普及基本收入」（universal basic income）制度，結果民意不贊成這項他們認為有損工作倫理的全民福利。由此可見瑞士民眾的政治智慧，選票非以私利為先。也有代議士堅持立場，不受民意缺乏深思熟慮的影響，作出理智的決定。例如 1955 年瑞典公投決定汽車靠右駛還是靠左駛，當時瑞典鄰近國家已實行或決定靠右駛，公投結果是八成三表決靠左駛，但瑞典議會決定跟從鄰國做法，變革一經實施，民眾便看到好處，轉而支持。[20]

---

19. 讓-雅克・盧梭（Jean-Jacques Rousseau）著，何兆武譯：《社會契約論》（北京：商務印書館，1996），頁 29–30。（原作首版年：1762）

20. 王卓祺：〈「對美國好些」：認識今屆政府政治生態惡化的元兇〉，《明報》，2017 年 4 月 5 日，第 A25 版。

中國共產黨政權承繼了「專制獨裁」政體嗎?

百代都行秦政法

專制、獨裁兩個名詞令人想起兩千多年前完成「大一統」、行中央集權郡縣制的秦始皇（前 259–前 210），他經常被指專制獨裁；這也是中國歷代史家的普遍評價，但對毛澤東來說，秦始皇具備了另一層正面意義，例如他贈給郭沫若（1892–1978）的七律中便有這樣一句——「百代都行秦政法」。中國自前 221 年秦始皇統一六國，實行中央集權的郡縣制，中國歷代大致都是延續秦朝的政治體制傳統。就算孫中山及章太炎曾經一度主張聯邦制，後來都改變主意，認同中國要保持政治統一，只有中央集權，才能進行國家建設之事，綱舉目張。[21] 所以，毛澤東對郭沫若在《十批判書》中批評秦始皇有所保留。

毛澤東亦在 1958 年北戴河的一次政治局擴大會議中講過，「馬克思加秦始皇」，比喻不要「專講民主」（馬克思）還要講「集中」（秦始皇）。原話是批評煉鋼問題：「要圖快，武鋼可搞快些。但各縣、社都發揮『鋼鐵積極性』，那不得了。必須有控制，不能專講民主。馬克思與秦始皇結合起來。」[22] 近代民主自由成為潮流，集中權力及遵從權威便成為政治不正確之事，這樣做就是「專制」與「獨裁」。然而，這個秦政「專制」的話語，實在需要詳細探討，了解其歷史沿革及內在原由，以史為鑑。

---

21. 鳳翔：〈辛亥革命以後大一統國家體制的延續和再造：訪復旦大學中外現代化研究中心主任姜義華教授〉，《理論視野》，2011 年第 10 期，頁 6–7。

22. 毛澤東：〈在北戴河政治局擴大會議上的講話（二）〉，1958 年 8 月 19 日。

　　清末民初，絕大多數中國知識分子都對自秦以來的君主「專制」政體及儒家文化痛心疾首，大加鞭撻。例如戊戌六君子之一的譚嗣同（1865–1898）在《仁學》便說：「二千年來之政，秦政也，皆大盜也；二千年來之學，荀學也，皆鄉願也。」[23] 中國共產黨始創人之一及五四運動大旗手陳獨秀（1879–1942），對中國未能如歐洲分裂為眾多國家，互相競爭，成就更好的文明，感覺可惜。他當時慎言：中國「政權統一，則天下同風，民賊獨夫，益無忌憚，庸懦無論矣，即所謂智勇豪強，非自毀人格，低首下心。」[24] 毛澤東亦於青年時代提倡「湖南共和國」。其實，毛澤東的「湘獨」只不過是尋求湖南省自治，性質始終是一種救亡運動。[25] 若我們了解當時的歷史背景便可看到，清末民初的中國面臨列強瓜分、國族覆滅的危機，激進主張有其特殊的歷史背景。如此做法與現今港獨分子截然不同，後者不承認自己是中國人，並用「支那人」來辱華，數典忘祖。

　　西方自啟蒙運動開始，便受法國孟德斯鳩等人影響，將中國的政治制度視為專制，並通過日本學者的傳播，再影響晚清士人對中國歷史的論述。因此，當時的知識分子如陳獨秀及譚嗣同等，便輕率以「專制」二字概括中國歷朝政體，以「德之賊」及「鄉願」形容傳統政治及文化。正是這樣的歷史背景，我們今天

---

23. 譚嗣同：《仁學》，中國哲學書電子化計劃，2023 年 10 月 4 日瀏覽，https://ctext.org/wiki.pl?if=gb&chapter=594059。

24. 王銳：〈重建中國歷史的「大一統」敘事〉，《東方學刊》，2019 年第 4 期，頁 14–15。

25. 裴士鋒（Stephen R. Platt）著，黃中憲譯：《湖南人與現代中國》（北京：社會科學文獻出版社，2015）。（原作首版年：2007）

回首當年梁漱溟及章太炎等極少數知識分子對中國歷代政制及傳統文化的肯定，更不得不佩服彼等之遠見。我們之前談及，梁漱溟不止看到中國的問題，還指出歐洲文化衰落，要中國文化予以拯救。章太炎當年亦獨排眾議，一士諤諤，對秦朝君主的「獨裁」、成為「寡人」，持肯定態度。他從比較的角度，分析西方議會政治的發展與其封建制度有關，如英國的上議院或貴族院之設，實為承繼封建貴族的權力與地位。[26] 中國兩千年來並沒有與歐洲相類似的政治與社會狀況，沒有嚴重的封建貴族弄權之患。明朝在這方面表現較差，歷朝亦壓制財富壟斷，以防地主囤積土地，不患寡而患不均，以防做成民變。經日本傳過來之西方社會科學理論，深受資本主義「豪強自治」、「工商兼併」、「喻利輕義」等的影響，為有利於權貴的政治主張辯護，這其實有違兩千年來秦朝所塑造的社會平等、壓抑豪強政治傳統，以及其背後維繫中國歷史發展的內在原理。[27] 上述梁漱溟、章太炎等不受潮流影響，能秉持歷史，就着問題的性質作出評估，實在難得。他們的觀點，與我們稍前介紹的王紹光論述，實有相似之處。

　　政體的發展一定離不開社會經濟背景。中國地大物博，自古多自然災害，亦多外患。這些都需要調動大量人力物力來處理。歷史學者黃仁宇在《中國大歷史》中指出，中國在民國成立之前的 2,117 年內，共有水災 1,621 次，旱災 1,392 次，平均每年 1.392 次災荒。黃仁宇亦指出，中原漢族為了防禦外族入侵，要動用大量兵源。例如漢武帝前後八次與匈奴打仗，每次動輒十萬或以上

26. 王銳：〈大一統國家的存續之道：章太炎《秦政記》的政治文化意涵〉，頁 90。
27. 同上，頁 90–91。

軍人，後勤支援多出數倍，每仗動員 50 萬人為常態。[28] 中央集權是必然的政體發展。這也是何以孫中山及章太炎一度支持聯邦制，最終還是回到中央集權統一政體的道理，但中央集權不一定就是專制。我們且看看章太炎的說法。他不諱言秦政有「獨夫」、「寡人」之王權，即專制獨裁；但秦政「雖獨制，必以持法為齊。」「齊」者，公平也。即秦王雖獨斷，但秦法亦約束君主；因此他說：「獨秦制本商鞅，其君亦世守法。」[29] 我們要注意，章太炎這一秦君主守法的說法，並沒有受到一般歷史學家的認同。

今天經常有人質疑中國共產黨政權「黨大於法」，若依從章太炎的思路，這是偽命題，只要從總書記至普通黨員的黨，與平民百姓都守同一法律，這便可以。當然，中國共產黨實行民主集中制，「一把手」專權及腐敗亦有其結構制度因素。但這同時也是其制度優勢，官員有權才能推動社會經濟發展。但是任何體制均難以避免官員涉嫌貪污瀆職之事。一向以高薪養廉為傲的香港特區政府，亦有前行政長官曾蔭權及前政務司司長許士仁貪腐的醜聞。如何使中共從總書記以至普通黨員，都與平民百姓守同一法律，是對中國黨國體制的一大挑戰。

回到秦政，大家亦知商鞅作法自斃的典故，這足以證明「持法為齊」之說法。章太炎提出秦政持法為齊，就是反駁當時士人嚴復（1854–1921）、林白水（1874–1926）等對秦政專制的批評。因此，章太炎在〈秦政記〉開篇便說：「人主獨貴者，其政平，

---

28. 黃仁宇：《中國大歷史》（北京：三聯書店，1997），頁 24，46–47。
29. 章太炎：〈秦政記〉，載《章太炎全集（四）》（上海：上海人民出版社，1985），頁 72。

不獨貴，則階級起。」[30] 意思是說君主獨掌大權的目的就是要達致公平的政治局面，不能做到公平的話，內部矛盾如階級之間的糾紛便會產生。章太炎以此審視歷代王朝政體設計是否如秦朝般，能體現平等精神，尤其是否能壓制皇室子弟的特權和地位。根據章太炎的評估，漢、唐、宋、明四朝亦不如秦，明代最不平等。而據錢穆（1895–1990）的研究，明廢宰相，將「政府」置於「王室」之下，不免為獨夫專制所籠罩。[31] 明朝士大夫繼承了兩宋對王室的抗爭的氣節，君臣常若水火，但清朝士大夫「怵於焚坑之酷」，以訓詁、考據為避禍之選。明清以來六百年，兩朝君主王權獨攬，專制異常，尤以後者為甚。但我們不可將清朝代表整個中國自秦以降的政治傳統。

秦朝之興起，實有賴其用人制度，能不分尊卑，唯才任用，所以秦國盡收天下人才而崛起。正如〈秦政記〉一文中引用韓非（約前 280–前 233）解釋秦國崛起的因由：「明主之吏，宰相必起於州部，猛將必發於卒伍。」[32] 荀子於昭襄王治國期間（前 306–前 251）入秦，這是商鞅變法（前 356–前 350）實行法治之後。他盛讚秦政「古之治」，即古代聖王的治理，是儒家努力的最高境界。但大家知道，秦朝以實踐法家而聞名。1975 年於湖北睡虎地出土的秦簡可作荀子對秦代儒家治理國家的佐證。相反，荀子對他在稷下學宮三任祭酒所在的齊國，評價十分低劣：

---

30. 同上，頁 71。

31. 錢穆：《國史大綱（修訂本）》，上冊（香港：商務印書館，1989），頁 26–27。

32. 章太炎：〈秦政記〉，頁 72。

「女主亂之宮，詐臣亂之朝，貪吏亂之官，眾庶百姓皆以爭奪貪利為俗。」[33]

　　錢穆在《國史大綱》亦以《禮記‧禮運》「天下為公，選賢與能」總結自秦以來中國政體的特徵；秦起用平民為將相而破貴族之擅權，再經隋唐以科舉及銓選制度鞏固之。[34] 科舉與銓選均以客觀之標準、公開的法規錄取官員，這是皇帝及宗室亦不能動搖的制度。錢穆總結中國政體背後的原理，看法與章太炎一樣，就是中國政制背後有着重要的理性精神。[35] 而日本歷史學者溝口雄三亦發現，就算是領導革命黨的孫中山，其《三民主義》還是承繼了中國傳統的政治理念：「大道之行也，天下為公。」他更認為孫中山所說的民權不等於西方的人權，其核心是平等，非個人自由；因為中國自古代封建制被破壞後，專制淫威就不能達到老百姓那裏，人民對政府、對皇帝只有納糧這件事。除此之外，若不侵犯皇權，便不受干預。[36] 清末民初革命派以專制黑暗，所謂「民無權、國無法」來評價中國兩千年來的政體，只是因為受激進主義思潮的影響而已！

中華人民共和國：中央集權、選賢與能及文明漩渦

　　今天中國實行的，是由共產黨領導的黨國體制。從這政體

---

33. 荀子：《彊國》，中國哲學書電子化計劃，2023 年 10 月 4 日瀏覽，https://ctext.org/all-texts/zh?filter=498232。

34. 錢穆：《國史大綱（修訂本）》，頁 14。

35. 同上。

36. 溝口雄三著，喬志航、龔穎等譯：〈孫歌：代譯序〉，載《中國的歷史脈動》（北京：三聯書店，2014），頁 6–7。

的表面現象來說，中華人民共和國並不承繼秦政，或王朝政體。若參考古希臘亞里士多德的政體分類，中共的黨國體制又可說是為國家共同利益服務的共和政體。這個政體亦有選舉成分，共產黨總書記領導常委會、政治局，由兩百多人的中央委員會通過定期選舉產生，受其監察。但這與西方的選舉方式不同，中共選拔和任用領導幹部，實行協商民主與票決民主相結合，層層考察，充分醞釀，各方協商。[37] 另外，中共政體還有一個共產黨領導的人民代表大會及多黨合作制政治協商會議。若依從章太炎由秦政而總結出來的政體標準，則現代中國的中央集權不一定是專制，重要的指標是其「持法為齊」，總書記、常委及各級官員與人民都守同一法律，所謂「獨秦制本商鞅，其君亦世守法」也。前文提及清末民初時期中國社會一盤散沙，需要極其強有力的力量將之組織起來，因此，毛澤東的獨裁或獨斷造成大躍進及文革的悲劇，有其歷史因素，是中共當時法治不成熟的結果。

自秦以降的中國政治體制，最重要的元素有二，第一是中央集權的郡縣制，第二是從社會召募、選賢與能的文官（今稱公務員）制度。中央集權有一位最終決策者，以前是王朝的皇帝，今天是共產黨的總書記；但後者不能像王朝皇帝那樣，可以處於法律之上。大家不要忘記，前文提及中國共產黨政權亦與歷代王朝一樣，需要官僚系統按章程辦事。共和國亦行中央集權的郡縣制，分五級政府──中央、省級（直轄市自治區）、地市級、縣市級和鄉鎮級。這個行政組織，名稱在歷朝都有分別，但最基層的縣，與秦漢及歷代無異，這在本質上就是強國家的概念。

---

37. 〈十九大十九問：中央委員是如何產生的？〉，中國新聞網，2017 年 10 月 23 日。

　　至於由文人組成的官僚體系，源於隋唐建立的科舉制。1905
年清朝取消科舉，但新中國建立後，中國共產黨各級組織部以政
績選拔及任用官員，亦類似歷朝吏部的「銓選」。至 1998 年，
中國正式建立由中央至鄉（鎮）五級的公務員考試制度，當然，
公務員考試不再使用傳統的《四書五經》，但在習近平執政後，
對傳統文化的取態十分積極，例如 2017 年中共中央印發《關於
實施中華優秀傳統文化傳承發展工程的意見》，目標是到 2025
年，中華優秀傳統文化傳承發展體系基本形成，其中一個做法是
將文化傳承落實在國民教育之中，因應這方向，2017 年國家教
育部大幅提升中小學語文科古詩文及經典文章的比例，學生 12
年內一共要背誦 208 篇古詩文及經典文章，可說是在正規教育中
回復傳統文化的正統地位。另外一個做法是將具文化特色的經典
性元素和標誌性符號融入日常生活，如支持一批文化特色濃、品
牌信譽高、有市場競爭力的中華老字號做精做強，又如振興傳統
節日，豐富春節、元宵、清明、端午、七夕、中秋及重陽等傳
統節日的文化內涵。[38] 中國文化復興，可說是終結了汪暉所言的
「短二十世紀」的激進年代。

　　鴉片戰爭開始的百年國恥，要直至新中國成立，中國人經
歷了「站起來」（毛澤東年代）、「富起來」（鄧小平年代）到
「強起來」（習近平年代）的 70 年，才逐漸形成民族復興的良
好發展勢頭，亦開始有了民族自信，對自身的文化、政體有更大
的信心。可能有人覺得鴉片戰爭至今已經 170 多年，我們怎麼如
此之遲才談民族自信。然而，大家不要忘記，中國文明的連續性，

---

38. 中共中央辦公廳、國務院辦公廳：《關於實施中華優秀傳統文化傳承
　　發展工程的意見》（2017 年 1 月 25 日）。

包括政體傳統的承傳，要經歷一個歷史不斷實踐及反思的過程。例如孫中山在經歷了第二次「北伐」失敗後，才體會到中國需要一個強大的黨國體系，明白到只有中央集權才有可能把「一盤散沙」的中國人組織起來，對抗內部的分裂及抵禦外部的侵略。

所以，評價政體還應回歸本意，即從績效的角度評價民主，也就是說，民主是為了實踐社會公平。中國自秦以降的政治傳統，就是重農輕商，抑制豪強，防止工商兼併，而非現今西方民主般只看重個人投票權利等程序公義。近年有關民主的國際民調亦得出頗有深意的結果。2020 年一個有 53 個國家和地區共 12.4 萬個被訪者的「民主觀感指數」（Democracy Perception Index）調查，[39] 每地約一千至三千個被訪者不等；抽樣誤差率為 ±3.25 個百分點。表面看來這跨國民調是挺科學的，參考價值甚高！

在下文，我們選取其中六個國家或地區及所有國家及地區樣本的平均值，用問卷中的四題作比較（表 1）。我們有以下的發現：

一、所有國家及地區都認同「民主很重要」，平均值是 78%。中國在選取的六個國家或地區中十分高（84%），美國是 73%，最高是瑞典 87%，英國 75%，日本及中國香港分別為 60% 及 64%。

二、所有國家及地區對「我們的國家（地區）是民主」的平均值是 56%，剛過半數。而中國被訪者卻有 73% 認同，這對宣稱中國共產政體是專制的西方話語，十分反諷；而號稱民主

---

39. Alliance of Democracies, "Democracy Perception Index 2020," accessed 20 June 2021, https://www.allianceofdemocracies.org/initiatives/the-copenhagen-democracy-summit/dpi-2020/.

表 1：民主觀感指數部分國家或地區比較，2020（%）

	所有國家及地區	中國	美國	瑞典	英國	日本	中國香港
民主很重要	78	84	73	87	75	60	64
我們的國家（地區）是民主	56	73	49	70	58	46	37
我們的政府通常為少數人利益服務	43	13	52	31	42	45	51
我們國家（地區）的商界及其行政總裁通常為少數人利益服務	59	21	66	65	67	50	52

資料來源：Alliance of Democracies, "Democracy Perception Index 2020"。

　　大國的美國則未滿一半（49%），瑞典與中國不相伯仲，有
70%，英國則強差人意，有 58%，東亞的日本接近美國，只
有 46%，正在追求西方選舉民主的中國香港在六個國家或地
區中最低，只得 37%。

三、所有國家及地區對「我們的政府通常為少數人利益服務」的
　　平均值是 43%。在選取的國家或地區中，中國被訪者只有
　　13% 認為他們的政府為「寡頭」服務，美國有 52% 對此認同，
　　與中國香港差不多（51%），實行社會民主的瑞典是在選取
　　的資本主義經濟體中最少被訪者（31%）認為他們的政府通
　　常為少數人利益服務，英國及日本分別為 42% 及 45%。

四、所有國家及地區對「我們國家（地區）的商界及其行政總
　　裁通常為少數人利益服務」的平均值是 59%。作為社會主
　　義市場經濟的中國，只有 21% 被訪者有這種觀感，這也合

乎其國營企業佔戰略性地位的國情；資本主義經濟體則在商言商，企業主要目的是資本再生產，就算實行社會民主的瑞典，其百分率與美國差不多，即 65% 對 66%，英國亦是這個水準（67%），反而東亞的日本及中國香港低於平均值，分別為 50% 及 52%。

這個跨國民調由民主聯盟基金會（Alliance of Democracies Foundation）負責，該組織是丹麥前首相、北大西洋公約組織前秘書長拉斯穆森（Anders Fogh Rasmussen）近幾年才創立的。它每年夏季都舉辦國際會議，並邀請一些所謂民主的反中反共人士出席，如 2019 年邀請台灣地區外事部門負責人吳釗燮，2021 年第二次邀請台灣地區領導人蔡英文，2021 年亦有邀請前港獨組織香港眾志主席羅冠聰，可見這個民主聯盟基金會對中國的取態。所以本文引用該組織的數據，從西方立場人士的角度來說應該是客觀的。

從這民調結果來說，所有國家及地區大都認同民主是很重要的現代價值。但出乎西方話語霸權的邏輯，所謂專制獨裁的中國在四個問題的答案都比資本主義經濟體「出色」。中國被訪者擁抱民主，並認同國家是民主，不過中國人的民主形式與現代西方代議民主顯然不同。若以選舉程序為政治制度合法性的依據，而漠視政體的道德本性，是偏頗的判斷。在民主的道德性角度上，西方主流學者及媒體將民主狹義地理解為程序性，他們忽視國家治理的目的，是達成某種實質的社會共同目標，如政府及企業應為多數人利益服務。

西方和東亞都屬於資本主義經濟體，但不應一概而論。實行高度再分配的瑞典，其被訪者是較少認為政府是為寡頭服務，持這觀點的只有三成，可以說，瑞典政府透過二次分配的社會轉

移，有效地控制了資本壟斷及剝削的問題。這與章太炎百多年前評議西方代議政體為「豪強自治」、「工商兼併」及「喻利輕義」並不完全吻合。現代的代議民主，若有其他制度，如再分配的社會政策，在不觸動資本主義的本質的前提下，亦能為多數人利益服務。當然就控制資本這一點而言，中國的社會主義市場經濟在這一跨國民主觀感比較上，較具優勢。

如此看來，民主雖然在現代社會被視為好東西，但不同國家對民主的形式有不同的理解。中國一直是一個文明漩渦，對外來的文明包容，對符合國情的外來文明亦將之吸納成為中華文明一部分。正如毛澤東的說法，中國今天的政體有傳統部分，亦有新的內容，所謂「馬克思加秦始皇」。這個「馬克思」比喻民主，是分權及集思廣益的意思，也是歐洲傳過來的新思想。現代中國實行的民主與西方不同，如選拔領導幹部是按照政績及品德等傳統要求，以保證政治精英具出色的執政能力。例如中共中央委員會委員和中央紀律檢查委員會委員等高級幹部的選舉產生辦法，都是不斷改革，與時並進。據新華社記者報道，一位多次參加「兩委」人選考察工作的成員介紹，以往考察工作的第一步是召開省區市黨委全委擴大會議，進行投票推選，這種「大會海推」、「劃票打勾」的辦法選幹部，會帶來拉票、賄選等諸多弊端，民主變了味，走偏了方向；2014 年中央修訂做法，「不是不要票，而是不唯票」，主要體現在推薦方式上的改進——先進行談話，聽取意見，提出參考名單，再進行會議推薦。[40]

至於基層民主的實踐，亦嘗試了不少不同的方式，如文革的

---

40. 〈肩負歷史重任　開創復興偉業：新一屆中共中央委員會和中共中央紀律檢查委員會誕生記〉，新華網，2017 年 10 月 24 日。

動員式民主（如「四大」民主——大鳴、大放、大辯論、大字報）、改革開放後鼓勵基層參與經濟建設的群眾自治制度，[41] 甚至鄉鎮一級村民自治的實踐，都積累不少經驗。但如何與「秦始皇」比喻的中央集權有機結合起來，還有待觀察。曹錦清在江西鷹潭鄉調研村民主選舉時，便發覺除了民主選舉的形式，其他民主權利如水利、衛生、交通及糾紛調解等公共事務，只能在自然村的「熟人社會」才可以實現。[42] 究竟集中與分權在一個擁用14億人口的大國，如何從農村的「熟人社會」結合城市的「半熟人社會」及「陌生人社會」，令之既保持社會的整體公平性，如傳統政權對豪強的壓制，又發展到個人的活力，這實在不易。當然不可能如西方民主所強調般，在政治體制的輸入端投一票，便以為可以一勞永逸地解決人類不同社會的複雜政治社會問題！

港版東方主義

為何泛民主派支持港獨暴動者，並對辱華的「支那」口號無動於衷、默不作聲呢？如第三章所言，是因為他們將中國歷史定格於1989年發生的「六四」事件，漠視中國歷史脈絡，以及過去40多年來中國的發展成就和實際人民生活的改善。可以說，這批人是將西方自由民主的價值置於民族利益和尊嚴之上。若缺乏反對派為暴動者護航，反中動亂不會持續這麼久。所以回顧中國自秦以降的政治傳統，對照西方話語的所謂東方專制主義及民

---

41. 徐勇：〈社會動員、自主參與與政治整合：中國基層民主政治發展60年研究〉，《社會科學戰線》，2009年第6期，頁19–26。
42. 曹錦清：〈中國社會轉型與價值觀重建〉，愛思想，2012年2月22日。

2019 年 8 月 11 日，有示威者衝進金紫荊廣場，「快閃」塗鴉破壞，寫上「光復香港，時代革命」（文匯報攝）

主政體的前世今生，相當有意義。

作為擁有深厚政治傳統的民族，中國在西方列強入侵、面對亡國亡族危機之時，湧現出激進主義思潮，出現了暫時將優秀政治傳統一併拋棄的「短二十世紀」。時移世易，當中國「強起來」，重拾民族自信，要進行民族復興時，中國人自然應從歷史上的治國經驗中找回值得自豪的政治傳統，並藉以應對西方的話語霸權。但是，清末民初的中國是真正的亂世，辱華不只是政治口號，而是列強吞併中國、瓜分中國，生死存亡的現實。反觀這次香港發生的反中動亂，後面的動力並非激進主義，而是更為嚴重的極端主義，可以説是發生在一個極之西化的社會，暴動者在衝動激情下弄出來的亂象。這些暴動者及背後的支持者受西方話語影響，漠視中國自秦以來「持法為齊」、「天下為公」等重視實質公平的政治傳統。對他們來説，最大的不幸，可能是經歷了百年國恥及人民共和國成立 70 年後，正在「強起來」的客觀事實，因為這違反了他們所虛構出來的想像。可以説，這是一個香港版的東方主義。

可以斷言，隨着中國崛起，這種想像是始終會破滅的。曹錦清對此有樂觀的預言，他認為這樣一個超過十億人的大國崛起，

必然改變全球格局及帶有自己「語言」的復興；因為不同於西方
世界的理論體系，會讓西方世界更感到震驚。[43] 我們可以預見，
中國自秦開始的持法齊平道統、賢能政治及舉國體制辦大事的政
統，有機會隨着中華民族的復興而帶來話語的復興。這樣的話，
香港反中動亂所反對的所謂中共暴政、專制主義將喪失其話語基
礎。

小結

本章將西方民主與中國政治傳統作一跨時空比較，重描述而
不求價值判斷，因為政體好壞並非如黑白分明的對比，應符合本
土的文化及歷史進程。價值永遠是從本土生根，亦沒有甚麼所謂
普世而永恆不變的政治價值。民主之前世是被看作為壞東西，但
今世卻被捧為好東西。政體只是政治治理的制度手段，對它作判
斷的標準應是其能否達成國家民族所追求的共同目標。從政治道
德層次來看，亞里士多德的政體分類很有道理，只有德性即為國
家多數人或共同利益服務，才是判別好壞的標準。將這個標準用
現代的政治詞彙表達，就是「應以多數人利益的績效來決定政體
的好壞」，而非政體本身。例如無論是代議民主或社會主義民主，
都需要政治精英及人民的共同參與，政體本身不應是決定性的自
變項（independent variable）。

自秦以來的中央集權已有兩千多年的歷史，中國因此而形
成一個多民族的文明共同體，而中央集權有利於團結各民族、集
中力量辦大事，若實行聯邦制，便容易導致少數民族爭取獨立，

---

43. 曹錦清：〈以制度研究推進話語體系重建〉，頁 93。

2019 年 7 月 7 日,「7‧7 九龍區大遊行」示威,首次有民眾於九龍舉辦反對修訂《逃犯條例》遊行,示威者舉「五大訴求」標語(文匯報攝)

國家陷入四分五裂中。自從周朝封建建立了「大一統」,繼而秦朝的郡縣制進一步鞏固了中央集權的「大一統」,中國人都明白到國家統一、權力集中的好處,人民因此而免於分裂的戰禍及動盪。但是權力集中於君主,若君主腐敗或無能,會導致政權倒台,這是大禍患,而中國歷史上的改朝換代,主因是朝廷腐敗。這正是中共領導人毛澤東及習近平希望破解的「歷史周期率」,即朝代更替的問題。[44] 因此,中國的中央集權政治制度本身並沒有對與錯,重要的是要符合本國的歷史文化,能回應治理的實際

---

44. 〈「窰洞之問」的答卷人〉,《人民日報海外版》,2022 年 1 月 14 日,第 01 版。

需要。若從政體的德性角度，一個政體能做到君主嚴明、官吏清廉、百姓安居樂業，便是實踐了良治。

明顯地，暴動者及支持他們的泛民主派的歷史觀出了嚴重偏差，他們信奉的是港版東方主義的意識形態偏見，而並非甚麼民主。一般來說，民主可分為程序性及實質性兩個層次。毛澤東講「馬克思加秦始皇」中的「馬克思」，就是要集思廣益，多聽意見，要分權，也可以說是程序性的民主。而中國自秦以降的政道，如抑壓皇室子弟特權、壓制豪強、選賢與能的文官制度，便是要體現社會公平的道統，這也可以理解為具實質內涵的民主。不過，現代中國的民主並不以一人一票的代議政制形式表現和達成；代議民主看來不符合中國國情。更重要的是，中國及西方人民其實都相信實質民主，上文提及的「民主觀感指數」便證實了這一點，這一項跨國調查顯示，對不同地方的民眾來說，民主就是政府的施政為大多數人的利益服務。

第五章：

「一國兩制」的歷史淵源與戰略考慮

中央對香港的「額外」授權

基於香港的特殊性，中央對香港實施「港人治港」、高度自治，除了規定香港特區的行政機關和立法機關由香港永久性居民依照《中華人民共和國香港特別行政區基本法》（下稱《基本法》）有關規定組成，更明確授權香港特區依照《基本法》的規定實行高度自治，享有行政管理權、立法權、獨立的司法權和終審權。

香港特區有多「特別」？特區的高度自治權有多「高」？這些問題的答案都體現在中央對香港的「額外」授權之上。

2017 年 5 月，時任行政長官梁振英在北京出席紀念《基本法》實施 20 周年座談會致辭時指出：

> 香港是一個特別行政區，並不是主權國家，因此香港的民主和民主選舉，只可以與一般的地方政府比較，而不可以和主權國家比較。在民主國家地方選舉產生的地方政府，沒有類似香港的立法權、行政權和全面的財政支配權，自治權較香港低。香港的高度自治權，是由於中央的額外授權，所以中

央保留了對行政長官當選人的任命權。這是在起草《基本法》的過程中，因應香港的實際情況而作出制度設計的例子之一。[1]

從世界各地的中央與地方關係來看，某程度上所有中央政府多多少少都會授權地方政府自行處理某些事宜，但中央對香港的授權是「額外」的，香港特區享有非一般的自治權力，遠比國內外地方政府或自治區高。

王卓祺通過比較香港、英國倫敦、葡萄牙的亞速爾群島（Azores）自治區、俄羅斯的四個自治區，以及中國的自治區、自治州及自治縣，發現香港所獲得的自治權力遠超國內外的自治區域。[2]

任意（兔主席）也曾將香港與開曼群島、蘇格蘭、波多黎各、美國聯邦政府下的州及俄羅斯聯邦下的共和國作比較，發現香港所獲得的自治權力遠比其他的多。[3]

由此可見，香港得到了中央的「額外」授權，其自治權力遠比國內外的城市和自治區為多。

中華人民共和國成立以後，容許西藏實行政教合一，《中央人民政府和西藏地方政府關於和平解放西藏辦法的協議》（下稱《十七條協議》）不強迫西藏改革其落後的封建農奴制；直至

---

1. 香港特別行政區政府：〈行政長官在北京出席紀念中華人民共和國《香港特別行政區基本法》實施二十周年座談會致辭全文〉，新聞公報，2017 年 5 月 27 日。

2. 王卓祺：〈特區「額外」授權與中央不委任權：沒有無緣無故的高度自治〉，《明報》，2017 年 2 月 21 日，第 A25 版。

3. 兔主席：〈國際經驗比較看地方政府的自治〉，微博，2019 年 9 月 6 日。

1959 年西藏上層僧侶及奴隸主勾結外部勢力，發動武裝叛亂，中央政府才派解放軍平亂，結束西藏的封建農奴制。

中央政府在 1997 年恢復行使香港主權後，同樣採取相當寬鬆的政策，實行「一國兩制」，容許「港人治港」、高度自治，某部分是承襲了中央治理西藏的方式。可以說，基於香港的特殊性，利維坦公權力長期被弱化，加上外部勢力干預，使 2019 年發生港獨分離主義分子走在前面、泛民主派從後配合的反中動亂。本章將中國治理邊疆的政治傳統，以及長遠戰略考慮聯繫起來，為中央對港政策的淵源作探究。

「一國兩制」的歷史淵源

國務院港澳事務辦公室（下稱港澳辦）前主任魯平在回憶香港回歸歷程時曾經提到兩件事。

第一件事是制定《基本法》時，中央要負責香港事務的官員到各地，向地方領導們講述中央對香港的政策。魯平指出：「開始時，內地有些人對為甚麼給予香港這麼大的優惠想不明白，如財稅不向中央上繳，那時候上海、廣東負擔很重，為甚麼對香港這麼厚待？」[4]

第二件事是魯平和香港友人到歐美、東南亞各國，向國外的政要闡述中央對香港的政策。魯平指出：

我記得我們有一次到美國國會找他們一些議員談，……我們

---

4. 魯平口述，錢亦蕉整理：《魯平口述香港回歸》（香港：三聯書店，2009），頁 65。

去跟他們解釋對香港的政策的時候，我談到我們對香港採取特殊政策，講到港人治港、高度自治，他們財政也是獨立的，司法也是獨立的。我說將來這個香港，一個錢也不用上繳給中央，我們也不在香港徵稅。這些議員聽了很吃驚，說，真的嗎？我說當然是真的，他們不相信。[5]

由此可見，國內不少官員並不理解為何中央對香港採取寬鬆的特殊政策，國外的領導人和政客對此甚至覺得不可思議。

的而且確，「一國兩制」在中國這個奉行「大一統」、實行社會主義的單一制國家之中誕生，是難以想像的。鄧小平指出：「從世界歷史來看，有哪個政府制定過我們這麼開明的政策？從資本主義歷史看，從西方國家看，有哪一個國家這麼做過？」[6]

然而，早在回歸前，英國學者威爾遜（Dick Wilson）便提出，「一國兩制」最適合中國，亦只能在中國這樣的國家出現，原因是：

「一國兩制」中的「國」並不同於西方民族國家的概念，而更接近於中華文明的文化界限，或者類似於中華帝國時期漢族政權對邊疆少數民族的鬆散式的治理關係。而西方世界中則沒有與中國相似的國家，既擁有十二億人口，還轄有逾30個省區，它們的面積與差異都與歐洲不同的民族國家相

---

5. 同上，頁 95。
6. 鄧小平：〈一個國家，兩種制度（一九八四年六月二十二日、二十三日）〉，載《鄧小平文選》，第三卷（北京：人民出版社，1993），頁 60。

類似。因此，這就使中國比任何西方國家都更容易採取多樣化的政治制度。[7]

要了解中央對香港採取寬鬆政策的特殊原因，必須追溯到中央治理西藏的歷史。

中央對西藏的特殊政策

為了和平解放西藏，達至領土完整，中央政府與西藏地方政府在 1951 年 5 月 23 日簽訂《十七條協議》，確定班禪喇嘛和達賴喇嘛作為政教合一的西藏最高領袖地位不變，其宗教信仰及制度亦不變，甚至西藏的封建農奴制也暫時不變。

按照馬克思主義的觀點，社會主義制度遠比封建農奴制先進，不少人會問，為何中央政府能夠如此寬鬆，可以長期容許社會主義國家裏面存在實行封建農奴制的地區？

須知道，《十七條協議》的第十一條訂明：「有關西藏的各項改革事宜，中央不加強迫。西藏地方政府應自動進行改革，人民提出改革要求時，得採取與西藏領導人員協商的方法解決之。」可見，協議明確提出西藏必須改革，但沒有為改革訂定時間表，而且改革的主動權交到西藏上層領導和西藏人民手上，中央不會強迫。

當 1957 年全國開展反右運動之際，中央仍然提出西藏「六年不改」的方針，指出「至少六年以內，甚至在更長的時間以內，

---

7. Dick Wilson：〈China, the Multi-system Country〉，載《過渡期的香港：1992》（香港：一國兩制經濟研究中心，1993），頁 68。

在西藏不推行改革」，[8] 內地學者劉曉原提出，鄧小平在一次討論西藏改革的會議上甚至提到「五十年到一百年」不改。[9]

中央之所以對西藏採取如此寬鬆的政策，是由於毛澤東的漸進主義戰略：希望發展與西藏上層的友好合作關係，將西藏和平納入中國，然後逐步爭取西藏上層領導和基層群眾的支持，讓他們自願地推動和平改革。

中央堅持和平改革的原因，是基於歷史和政治現實的考慮：中華人民共和國成立前，西藏長期保持獨立或半獨立的狀態，西藏上層有龐大的影響力，可以動員群眾反對改革，反抗中央政府，令外部勢力及分離主義分子有機可乘，挑起武裝叛亂，逼使中央政府派軍隊強制推行改革，這自然不利民族團結，不符合國家的長遠利益。

對於這種寬鬆的政策，中央也從中國歷史找到依據。劉曉原指出，當時中央書記處找到了十八世紀末乾隆年間制定的《欽定藏內善後章程》作為《十七條協議》的依據。[10]《欽定藏內善後章程》是清朝在平定了廓爾喀與西藏之爭後制定的，用以完善中央政府治理西藏地方的多項制度，規定西藏的行政人事權、宗教監管權、軍權、司法權、外交權、財稅權歸於駐藏大臣，其中訂明「駐藏大臣督辦藏內事務，應與達賴喇嘛、班禪額爾德尼平

8.　梅‧戈爾斯坦（Melvyn C. Goldstein）著，彭雲譯：《現代西藏史 1957–1959》（香港：香港中文大學出版社，2021），頁 74。

9.　劉曉原：〈「北京時間」：1950 年代中共對西藏改革的等待方針〉，《二十一世紀雙月刊》，總第 163 期（2017 年 10 月），頁 82。

10.　同上，頁 78。

等，共同協商處理政事，所有噶倫[西藏政府的長官]以下的首腦及辦事人員以至活佛，皆是隸屬關係，無論大小都得服從駐藏大臣。」[11]

然而，由於面對內憂外患，清政府無力維持過去對西藏的權威，清中央政府在西藏的軍政力量日漸衰微，對藏治理日益衰弱，加上部分駐藏大臣慵懶無為，以至駐藏大臣被達賴喇嘛譏諷為「熬茶大臣」，極之輕視。[12]

對此，中央認為，除了對改革的規定外，《十七條協議》比《欽定藏內善後章程》更為寬鬆，其中中央並沒有如清朝般派出「駐藏大臣」，而是明文規定西藏現行政治制度、達賴喇嘛和班禪喇嘛的固有地位及職權不變，西藏的日常治理繼續交由達賴喇嘛、班禪喇嘛及噶廈負責。

值得一提的是，有人以為中央對西藏實行如此寬鬆的政策，是因為中央力有不逮，無法直接統治西藏，才妥協和讓步。對此，美國著名藏學家戈爾斯坦（Melvyn Goldstein）提醒：

當時中國人口為 5.4 億，解放軍不僅擁有兩百多萬正規軍隊，而且裝備精良，從蔣介石國民黨政權繳獲了美式武器。相比之下，西藏只有 120 萬人口，由一支訓練鬆懈、領導不力的小規模軍隊保衛，總人數只有 1.3 萬至 1.5 萬人（可能還加上幾千民兵）。況且，解放軍是一支久經沙場的戰鬥部

---

11. 《欽定藏內善後章程》（乾隆五十八年 [1793]）。
12. 張雲：《西藏歷代的邊事邊政與邊吏》（北京：社會科學文獻出版社，2015），頁 258。

隊，剛剛摧毀了獲得美國援助的蔣介石軍隊。因此，如果在
1950 年接到命令，解放軍幾乎肯定可以完成對西藏的軍事
合併。[13]

對中央來說，漸進的和平改革是首選方案，但同時備有最後
方案：軍事手段。一旦出現全面的武裝叛亂，中央將堅定不移派
軍平亂，捍衛國家主權及領土完整，並推行全面強制改革。

由此可見，「一國兩制」政策從來建基於中央的「自我約
束」。不論是在處理西藏問題，還是香港問題，中央從來都是「不
為也，非不能也」，但這偏偏是反共勢力不願意面對的事實，以
為中央「軟弱可欺」，他們誤判了形勢。

結果，1959 年 3 月，西藏官員散播謠言，挑動民眾的反華
情緒，發動武裝叛亂，撕毀了《十七條協議》，導致中央派出解
放軍平亂，解散西藏地方政府，成立西藏自治區，進行土地改革
及社會主義改造，結束了「一國兩制」在西藏的試驗。

時任西藏噶廈噶倫的阿沛・阿旺晉美認為，如果 1959 年西藏
沒有發生叛亂，達賴喇嘛積極與中央政府合作，展示願意為了改
善貧困而採取具體的漸進步驟，逐步消除不合時宜的封建農奴制
度，達賴喇嘛領導的自治西藏，其西藏文化和宗教的精髓或能夠
完好無損，在文革後持續下去。[14]

---

13. 戈爾斯坦：《現代西藏史 1957–1959》，頁 23。
14. 同上，頁 560–561。

長遠戰略考慮

1949 至 1997 年中央對香港的特殊政策

1949 年 10 月，解放軍解放廣州及深圳。英國政府急忙向香港增兵，使駐港英軍兵力增至 4.5 萬人，[15] 宣稱要保衛香港，但面對着百萬雄師，駐港英軍無疑是螳臂擋車。當時，只要中央揮軍南下，要收回香港易如反掌。毛澤東指出：「至於香港，英國人沒有多少軍事力量，我們要佔是可以的。」[16] 然而，中央當時沒有解放香港，解放軍在深圳河停下了腳步。

早在新中國成立前，中央已形成對香港「暫不收回、維持現狀」的戰略。1946 年 12 月，毛澤東會見哈默（Gordon Harmon）、羅德里克（John P. Roderick）、陳依範三位西方記者；哈默問毛澤東：「在香港問題上中共的態度如何？」毛澤東回答：「我們現在不提出立即歸還的要求，中國那麼大，許多地方都沒有管理好，先急於要這塊小地方幹嗎？將來可按協商辦法解決。」[17]

1949 年 2 月，毛澤東在西柏坡會見斯大林特使米高揚（Anastas Mikoyan，1895–1978）時表示：「在這種情況下，急於解決香港、澳門的問題，也就沒有多大意義了。相反，恐怕利

---

15. 李後：《回歸的歷程》（香港：三聯書店，1997），頁 39。

16. 齊鵬飛：〈新中國成立後中共「暫時不動香港」戰略出台始末〉，《黨史博采（紀實）》，2007 年第 7 期，頁 7。

17. 同上，頁 5。

用這兩地的原來地位，特別是香港，對我們發展海外關係、進出口貿易更為有利些。總之，要看形勢的發展再作最後決定。」[18]

此後，「暫不收回、維持現狀」逐漸形成為「長期打算，充分利用」的對港政策。相對西藏，中央對香港的政策無疑更為寬鬆：中央不止容許香港繼續實行資本主義制度，而且容許英國暫時繼續管治香港。某程度上，這種對港政策雖無「一國兩制」之名，卻有「一國兩制」之實，因為中國從未喪失對香港的主權；香港從來都在「一國」之中，只是由於歷史原因，中央政府沒有對香港行使主權，中國過去是因為國力衰弱而不能行使，而新中國成立後為了達到戰略目的而暫不行使。

關於對香港實行特殊政策的原因，周恩來在 1951 年向時任新華社香港分社社長黃作梅作了清晰而完整的解釋：

> 我們對香港的政策是東西方鬥爭全域的戰略部署的一部分。不收回香港，維持其資本主義英國佔領不變，是不能用狹隘的領土主權原則來衡量的，來作決定的。我們在解放全國之前已決定不去解放香港。在長期的全球戰略上講，不是軟弱，不是妥協，而是一種更積極主動的進攻和鬥爭。……香港留在英國人手上，我們反而主動。我們抓住了英國一條辮子，我們就拉住了英國，使它不能也不敢對美國的對華政策和遠東戰略部署跟得太緊，靠得太攏。這樣我們就可以擴大和利用英美在對華政策上的矛盾。在這個情況下，香港對我們大有好處，大有用處。我們可以最大限度地開展最廣泛的愛國統一戰線工作，團結一切可能團結的人，支援我們的反

---

18. 同上，頁 5。

美鬥爭，支持我們的國內經濟建設。在這種情況下，香港是我們通往東南亞、亞非拉和西方世界的視窗。它將是我們的瞭望台、氣象台和橋頭堡。它將是我們突破以美國為首的西方陣營對我國實行封鎖禁運的前沿陣地。近兩年來的發展證明我們在解放全國時留下個香港是正確的。……你們一定要認識這個重大的戰略意義，一定要相信中央這個重大決策。你們要好好保護它，不要破壞它。[19]

1957 年，在一次上海工商界人士座談會上，周恩來重申：

我們不能把香港看成內地。對香港的政策同對內地是不一樣的，如果照抄，結果一定搞不好。因為香港現在還在英國統治下，是純粹的資本主義市場，不能社會主義化，也不應該社會主義化。香港要完全按資本主義制度辦事，才能存在和發展，這對我們是有利的。……我們在香港的企業，應該適應那裏的環境，才能使香港為我所用。我們不是要動員一切可以動員的力量，化消極因素為積極因素嗎？香港應該化為經濟上對我們有用的港口。……現在我國社會主義革命已經基本上勝利了，要進行社會主義建設，香港可作為我們同國外進行經濟聯繫的基地，可以通過它吸收外資，爭取外匯。[20]

基於以上的戰略考慮，中央對香港採取靈活寬鬆的政策，維持香港的資本主義制度，並且容許英國繼續管治香港。

---

19. 金堯如：《中共香港政策秘聞實錄》（香港：田園書屋，1998），頁 4–5。
20. 周恩來：〈關於香港問題（一九五七年四月二十八日）〉，載《周恩來統一戰線文選》（北京：人民出版社，1984）。

1975 年底，周恩來在病中仍然重申對香港的特殊政策，指示香港回歸後可在一定時期實行資本主義。[21] 這種政策得到鄧小平的繼承。當鄧小平 1979 年會見時任港督麥理浩（Murray MacLehose，1917–2000）時，指出：

> 中華人民共和國對香港擁有主權，這是我們一貫的立場。而香港也有着自己的特殊地位。將來對香港問題的談判應以香港是中國的一部分為大前提。但是，我們將視香港為特殊地區。在日後一段相當長的時間裏，香港在我們實行社會主義的同時仍可實行資本主義制度。[22]

中央在容忍英國繼續管治香港的同時，設下一條紅線，就是不能危害中國對香港的主權，以及國家和民族的長遠利益。1955 年 10 月，周恩來與時任港督葛量洪（Alexander Grantham，1899–1978）進行歷時三小時的非正式會談。有報道指出，當時周恩來為香港確定了一些行為準則，包括英國不應促進香港走向自治、外國勢力不能把香港用作軍事基地等。[23] 1958 年，針對當時有人謀求令香港成為與新加坡相似的自治領土，周恩來向英國官員警告：「任何（令香港）邁向自治領土狀況的舉措，都會被視作非常不友善。」[24]

---

21. 楊允中：〈論一國兩制的歷史必然性〉，《行政》，總第 61 期（2003 年 9 月），頁 763–790。
22. 羅拔•郭疃（Robert Cottrell）著，岳經綸等譯：《香港的終結：英國撤退的秘密談判》（香港：明報出版社，1993），頁 76。
23. 同上，頁 38。
24. 〈CNN 解密：英曾想讓香港自治　周恩來批不友善〉，《香港經濟日報》，2017 年 6 月 20 日。

更重要的是，中央對港政策是暫不收回，而非永不收回。中央從來不承認三條不平等條約，也不承認英國管治香港的合法性。暫不收回的原因除了是香港對新中國有用有利之外，更重要的是當時尚未有收回香港的適當時機和條件。1963 年，《人民日報》在一篇題為〈評美國共產黨聲明〉的文章裏指出：「還有一些歷史遺留下來懸而未決的問題，我們一貫主張，在條件成熟的時候，經過談判和平解決，在未解決以前維持現狀，例如香港、九龍、澳門問題……。」[25]

毛澤東會見索馬里總理舍馬克（Abdirashid Ali Sharmarke）時亦重申：「我們不動它 [香港] 並不是永遠不動它，英國現在安心，將來會不安心的。」[26]

這就不難解釋，為何在 1980 年代英國主動提出香港前途問題時，中央視為適當時機，決定 1997 年恢復對香港行使主權；這也解釋了，為何英國在談判過程中打「經濟牌」和主張「以主權換治權」，沒有任何效果。

國際環境對中央制定特殊政策的影響

隨着中國漸漸融入國際社會，環境的變化成為中央制定對港特殊政策的重要考慮因素。

在「和平解放」前，西藏與印度和英國有着密切的友好關係。西藏大部分的貿易和商業活動是與印度或通過印度進行，並開始通過印度和英國發展其國際身分。因此，假如中國無法在短時間

---

25. 〈評美國共產黨聲明〉，《人民日報》，1963 年 3 月 8 日，第 01 版。

26. 毛澤東：〈受壓迫的人民總是要起來的（一九六三年八月九日）〉，載《毛澤東文集》，第八卷（北京：人民出版社，1999），頁 336–337。

內把西藏併入中國，獨立的西藏將會繼續與印度和英國保持友好關係，這意味着印度、英國以至美國將會利用西藏影響中國，包括對西藏提供軍事、技術和外交支援，這會嚴重威脅中國的國家安全和利益。因此，中央決定對西藏採取寬鬆的政策，務求西藏可以在短時間內納入到中國的管轄範圍之中。

至於香港，上述中國領導人有關對港的觀點，已經展現了中央從「長期的全球戰略」去看香港，國際形勢是制定對港政策的重要考慮因素，而國際形勢對於中央提出香港「一國兩制」方針政策更有直接的影響。

1970 年代，中西方關係緩和。英國是較早承認新中國的國家之一，並願意與新中國建立外交關係。但是，由於英國繼續同台灣國民黨集團「保持實際上的聯繫」，中、英於 1954 年 6 月 17 日只建立代辦級外交關係，並未建立大使級外交關係，1971年 7 月 10 日至 10 月 5 日，雙方經多輪反覆修改文稿，對互換大使的聯合公報達成協議，確定了 1972 年 3 月 13 日雙方簽字生效，中、英正式建立大使級外交關係。

與此同時，聯合國大會於 1971 年 10 月 25 日通過《聯合國大會第 2758 號決議》，恢復中華人民共和國政府在聯合國的一切合法權利。自此，中華人民共和國政府的代表獲承認是中國在聯合國組織的唯一合法代表。

中美關係亦步入「正常化」。經過「乒乓外交」和基辛格（Henry Kissinger）秘密訪華後，美國總統尼克森（Richard Nixon）在 1972 年 2 月訪問北京、杭州及上海，會見了毛澤東和周恩來，並簽署了《上海公報》。在公報中，兩國承諾會為外交關係的完全正常化努力。1973 年 5 月，美國政府在北京設立在華聯絡辦事處，而中華人民共和國政府也在華盛頓設立類似的辦

事處。1978 年 12 月 15 日（北京時間為 16 日）兩國政府宣布，
自 1979 年 1 月 1 日起互相承認並建立外交關係。

　　一個和平穩定的國際環境對中國甚為重要。1976 年文革結
束，中央淡化「以階級鬥爭為綱」，轉為「以經濟建設為中心」，
開展改革開放。因此，中國需要促進和鞏固這樣的國際環境。鄧
小平指出：「我多次講過，中國人不比世界上任何人更少關心和
平和國際局勢的穩定。中國需要至少二十年的和平，以便聚精會
神地搞國內建設。」[27]

　　這個考慮便體現在制定「一國兩制」方針政策之上。鄧小平
強調：

　　我們提出「一個國家，兩種制度」的構想，也考慮到解決國
　　際爭端應該採取什麼辦法。因為世界上這裏那裏有很多疙
　　瘩，很難解開。我認為有些國際爭端用這種辦法解決是可能
　　的。我們就是要找出一個能為各方所接受的方式，使問題得
　　到解決。過去，好多爭端爆發了，引起武力衝突。假如能夠
　　採取合情合理的辦法，就可以消除爆發點，穩定國際局勢。[28]

　　這也是中國願意採取和平方式，透過與英國談判來解決香港
問題的原因。鄧小平指出：

　　採用和平方式解決香港問題，就必須既考慮到香港的實際情

---

27. 鄧小平：〈穩定世界局勢的新辦法（一九八四年二月二十二日）〉，
　　載《鄧小平文選》，第三卷（北京：人民出版社，1993），頁 50。
28. 鄧小平：〈我們非常關注香港的過渡時期（一九八四年七月三十一
　　日）〉，載《鄧小平文選》，第三卷（北京：人民出版社，1993），
　　頁 68。

133

況，也考慮到中國的實際情況和英國的實際情況，就是説，
我們解決問題的辦法要使三方面都能接受。[29]

用和平談判的方式來解決，總要各方都能接受，香港問題就
要中國和英國，加上香港居民都能接受。什麼方案各方都能
接受呢？就香港來説，用社會主義去改變香港，就不是各方
都能接受的。所以要提出「一國兩制」。[30]

基於這種考慮，意味着當時中央制定「一國兩制」方針政策
是採取相當寬鬆的態度，以至帶有妥協性質，也意味着當中西方
（特別是與美國）的關係惡化時，香港將無可避免成為中西方鬥
爭的磨心，「一國兩制」一些寬鬆的安排將會被西方利用，這也
就不難理解為何 2019 年反中動亂後中央對港政策作出了必要的
調整。

香港「一國兩制」方針政策的創造性及特殊性

上文提到，強世功認為中央制定如此寬鬆的對港政策，原因
並不止於實用主義，而是來源於毛澤東提出的和平解放西藏的思
路。

從中央對藏政策來看，這套治理方式是一脈相承的。曹錦清
認為，香港的「一國兩制」既是當代的創新，也可以説參考中國

29. 鄧小平：〈中國是信守諾言的（一九八四年十二月十九日）〉，載《鄧
    小平文選》，第三卷（北京：人民出版社，1993），頁 101。
30. 鄧小平：〈在中央顧問委員會第三次全體會議上的講話（一九八四年
    十月二十二日）〉，載《鄧小平文選》，第三卷（北京：人民出版社，
    1993），頁 84。

歷史上的治理邊疆少數民族的經驗，例如唐、宋的羈縻制度，元、明、清的土司制度；其重點是中央願意在邊疆地區實施與內地不同、靈活而寬鬆的制度，並由當地住民自行管理。[31]

不過，假如只以西藏作為參照，不足以全面了解香港「一國兩制」方針政策的創造性及特殊性。

這種不足反映在中央如何處理邊疆地區的動亂。試想一下，2019 年香港發生如此大規模、歷時這麼長的動亂，為何中央沒有如當年應付西藏上層叛亂般，派出解放軍平亂，順勢推行社會主義改造，而是將「止暴制亂」的重任繼續交由香港特區政府及警隊；為何中央沒有直接派出解放軍或武警平亂，而是仍然強調「一國兩制」不變，維持香港的資本主義制度？

動亂大致平息後，中央雖然作出了調整，強調全面管治權和高度自治權的有機結合，出手制定《香港國安法》及完善香港選舉制度；但沒有如明、清政府般對港實行「改土歸流」政策，直接派出官員實行直接管治，而是一再強調「港人治港」、高度自治的方針。[32] 香港的本地事務仍然由特區政府負責自行處理，特區依舊享有由中央授予的行政管理權、立法權、司法權和終審權。相對中原王朝對邊疆地區的「改土歸流」，以及叛亂後中央對西藏地區的管治，中央對香港的政策仍然是相對寬鬆的。

31. 曹錦清：〈中國 郡縣 版圖：大一統國家的形成與發展〉，《文化縱橫》，2021 年第 1 期，頁 93–101，159。

32. 〈中共 100 周年｜習近平：準確貫徹一國兩制港人治港 落實特區維護國家安全法制〉，明報新聞網，2021 年 7 月 1 日。

2019年6月9日，民陣舉行第三次反對修訂《逃犯條例》遊行，示威者舉「反送中」標語（文匯報攝）

2019年6月26日，民陣在中環舉行「G20 Free Hong Kong 集會」，以英語、西班牙語、日語、台語等呼籲各國領袖關注香港情況（文匯報攝）

2019 年 9 月 15 日，警方反對民陣舉辦遊行，有市民自發「行街」反對修例及追究警察濫權，示威者舉美國國旗和「特朗普連任」標語（文匯報攝）

2020 年 7 月 1 日，《香港國安法》生效翌日，市民在街道展示支持該法的標語（文匯報攝）

香港「一國兩制」的特殊性在於資本主義制度

中央對西藏的政策，戈爾斯坦一再強調：「無論是首選的漸進戰略還是最後的軍事戰略，最終結果在某種意義上都是一樣的——西藏將進行改革，並完全融入社會主義中國。」[33] 換言之，中央在西藏的「一國兩制」政策，改革西藏的原有制度從來都是根本目的，「一國兩制」只是為日後進行改革創造條件的權宜之計。

對此，強世功也承認：「為後來的『一國兩制』思想提供思想源泉的《十七條協議》，在當時只是中央為了和平解放西藏而簽署的臨時性憲制文件，它所保證的『一國兩制』只是十年不變，而不是五十年不變，且五十年後無需變。」[34] 強世功指出：「《十七條協議》只能是和平解放西藏的權宜之計，而不能成為一項持久的國策。《十七條協議》的精髓在於採取了循序漸進的改革道路，避免了暴雨驟雨的革命解放。」[35]

不過，因此而認為中央「背信棄義」的人，顯然是故意忽略西藏上層拒絕改革，並且暗中支持四川反華武裝組織「四水六崗」和發動武裝叛亂的事實，更故意不提西藏人民在封建農奴制下的悲慘生活，不提封建農奴制的落後及不合理。即使是後來願意接收從西藏逃出的達賴喇嘛的時任印度總理尼赫魯（Jawaharlal Nehru，1889–1964）亦指出，西藏的傳統生活方式「只不過是在

---

33. 戈爾斯坦：《現代西藏史 1957–1959》，頁 28。
34. 強世功：《中國香港》，頁 124。
35. 同上，頁 129。

宗教外衣下徹頭徹尾的封建制度。」他認為，「這種傳統的生活方式無法延續下去，⋯⋯土地改革是不可避免的。」[36]

至於香港的「一國兩制」方針政策，其特點在於香港的「一制」是資本主義制度。這是中央對香港採取如此寬鬆政策其中一個不可忽略的因素。正因如此，中央早在正式提出「一國兩制」方針政策之前，就已形成「長期打算，充分利用」的戰略，要充分利用香港的資本主義制度。後來的「一國兩制」方針政策，無疑是「長期打算，充分利用」的延續。

至於「港人治港」和高度自治，除了出於穩定人心的考慮，以及對香港人的充分信心，同樣重要的是基於對香港繼續實行資本主義制度的考慮。前新華社香港分社副秘書長黃文放指出：

> 提出「港人治港」的根本依據是：既然香港繼續實行「一國兩制」，由國內派人去管香港，肯定管不好。內地官員由上到下都是共產黨員，共產黨員是反對資本主義的，又怎能去維護資本主義？因此，當時第一個決定的原則是不能由大陸派人去管香港，香港只能由香港人去管，而且不能干預。因而就有了高度自治的提法。起草方案時，甚至認為，如果這個方案失敗，就會是失敗在大陸的干預上。因此，「港人治港、高度自治」這八個字是相連的，沒有「高度自治」，實際也就沒有「港人治港」。[37]

強世功也指出：「之所以讓香港的中國人來治理香港，而不

---

36. 戈爾斯坦：《現代西藏史 1957–1959》，頁 44。

37. 黃文放：《中國對香港恢復行使主權的決策歷程與執行》（香港：香港浸會大學林思齊東西學術交流研究所，1997），頁 40。

是讓中央派人來治理香港，就在於中央或者內地的中國人不熟悉香港的資本主義制度，無法有效運作香港資本主義制度。」[38]

同樣地，中央之所以提出香港「一國兩制」方針政策「五十年不變」，也與香港實行的是資本主義制度有關。鄧小平強調：

> 對香港的政策，我們承諾了一九九七年以後五十年不變，這個承諾是鄭重的。為什麼說五十年不變？這是有根據的，不只是為了安定香港的人心，而是考慮到香港的繁榮和穩定同中國的發展戰略有着密切的關聯。中國的發展戰略需要的時間，除了這個世紀的十二年以外，下個世紀還要五十年，那末五十年怎麼能變呢？現在有一個香港，我們在內地還要造幾個「香港」，就是說，為了實現我們的發展戰略目標，要更加開放。既然這樣，怎麼會改變對香港的政策呢？實際上，五十年只是一個形象的講法，五十年後也不會變。前五十年是不能變，五十年之後是不需要變。所以，這不是信口開河。[39]

正是因為香港實行的是資本主義制度，而現時居於主導地位的世界體系屬於資本主義，香港才符合國家的發展戰略和利益，才能繼續發揮其獨特作用。因此，中國社會科學院前院長、《基本法》起草委員會副主任委員胡繩認為，「一國兩制」之所以是指實行社會主義和資本主義，是因為「資本主義是階級社會最高

---

38. 強世功：〈中央治港方針的歷史原意與規範意涵：重溫鄧小平關於「一國兩制」方針的重要論述〉，《港澳研究》，2020 年第 2 期，頁 13。

39. 鄧小平：〈要吸收國際的經驗（一九八八年六月三日）〉，載《鄧小平文選》，第三卷（北京：人民出版社，1993），頁 267。

度的產物，其許多成就和經驗，如生產力、科學技術、對大生產的管理方法、金融活動方式以至社會管理方法等等，是社會主義所需接收或者有分析地加以汲取的。」[40] 因此，胡繩強調，假如香港實行的是奴隸制度、封建主義制度，而非資本主義，那就談不到兩制並存。[41]

小結

　　中央對香港採取寬鬆態度不是沒有原因的。中國治理邊陲地區的政治傳統，是中央對香港寬鬆的原因之一。然而，中央在香港的反中動亂後仍然維持對港的「額外」授權，香港的高度自治權沒有基本改變，資本主義制度也沒有動搖，沒有出現如明、清朝的「改土歸流」或 1959 年西藏動亂後的制度改變，這是中國治理邊陲地區的政治傳統不足以全面解釋的。

　　中央之所以如此堅持「一國兩制」，背後有着長遠的戰略考慮，即在社會主義與資本主義兩種制度長期共存的大局下，實行社會主義的中國如何在世界資本主義體系之中生存和發展。在這情況下，實行資本主義制度的香港，能夠發揮中國與資本主義國家之間的緩衝及橋樑作用，有利於社會主義的發展。

　　因此，中央很早以前已經形成「長期打算、充分利用」的對港方針，後來具體化為「一國兩制」，堅定維護香港的資本主義制度，對香港採取寬鬆態度，進行「額外」授權，容許香港享有

40. 香港文匯出版社：《基本法的誕生》（香港：香港文匯出版社，1990），頁 76。
41. 同上。

高度自治權。在下一章，我們將分析中央這一寬鬆態度對香港回歸後「一國兩制」實踐的影響。

修例風波爆發後，中央痛定思痛，動用原有的全面管治權，出手制定《香港國安法》和完善香港選舉制度，對香港的「一制」進行調整。近年，中央也多次強調香港要積極融入大灣區及國家發展大局，加上香港的本地生產總值（GDP）總量已被內地數個城市（包括上海、北京、深圳、廣州、重慶）超越，這引起了對香港的價值和功能的質疑。

如果香港的獨特功能不斷減弱，不可替代的價值不斷流失，中央往後便無需再對香港維持寬鬆的「一國兩制」，事實又是否如此？我們將會在總結一章進行討論。

第六章：

「一國兩制」的實踐如何變形走樣？

　　第五章從香港的獨特性出發，闡述「一國兩制」如何承襲中國治理邊疆的歷史智慧，如此才能理解中央堅定地對香港採取寬鬆特殊政策的原因。然而，也正由於這寬鬆的特殊政策，在1997年中國對香港恢復行使主權後，利維坦公權力長期被弱化。而基於長遠戰略考慮，中央政府一直「自我約束」，沒有及時處理關鍵問題，以至反對派及外部勢力有可乘之機，埋下了2019年動亂的種子。本章就是有系統地闡述利維坦公權力長期被弱化的來龍去脈。

香港的特殊性：利維坦公權力的二重性質

　　中國作為單一制國家，實行中央統一集權，整個政府實行層級管理，地方政府的權力由中央政府授予，接受中央政府的統一領導。

　　與其他自治區一樣，中央同樣擁有對香港的管治權。雖然要到2014年中央才提出「全面管治權」此概念，但這並不代表在2014年之後中央才具有這些權力。《中華人民共和國憲法》（下稱《憲法》）與《基本法》早已訂定中央各種對香港的管治權力。

然而，基於「一國兩制」，中央對香港實施「港人治港」、高度
自治，授予香港「額外」的自治權力。這樣，外國的城市和自治
區，以及中國國內的自治區域，雖然也擁有某種程度的自治，但
遠比香港（及澳門）特區低，使香港（及澳門）特區的公權力呈
現二重性質，即中央的「全面管治權」，與特區的「高度自治
權」。

中國共產黨十九大報告提到：「必須把維護中央對香港、澳
門特別行政區全面管治權和保障特別行政區高度自治權有機結合
起來，確保『一國兩制』方針不會變、不動搖，確保『一國兩制』
實踐不變形、不走樣。」[1]

中央對港澳的全面管治權，與港澳特區的高度自治權這兩種
權力之間，要做到有機結合，實現良性運作，才可以確保「一國
兩制」不變形、不走樣。然而，從回歸 20 多年的實踐經驗來看，
利維坦公權力明顯被弱化。

公權力的中央層面：積極不干預

1982 年，時任國務院港澳辦主任廖承志會見香港廠商會訪
問團時指出：回歸後香港「不同之處是兩點：一、英國旗要下來
了。一九九七年不掛他們的旗了。二、不會有總督了，但會有特
別行政區或自治區的長官、主任。由誰來當呢，香港人自己當，

---

1. 〈習近平：決勝全面建成小康社會　奪取新時代中國特色社會主義偉
大勝利——在中國共產黨第十九次全國代表大會上的報告〉，2017 年
10 月 27 日，https://www.gov.cn/zhuanti/2017-10/27/content_5234876.
htm。

大陸不派人。」[2] 這種「換支旗、換個行政首長」的說法，形象地反映了中央對香港的基本立場和態度。

在「能不變就不變」、「不管就是管好」的寬鬆態度下，中國恢復對香港行使主權後，中央對香港基本上是「積極不干預」。基本法委員會前委員、北京大學法學院教授饒戈平指出：

> 香港回歸初期似曾流行過一種看法：回歸了，「一國兩制」大功告成了；有基本法約束，讓香港自己管理自己、高度自治就好了，中央不必操心費力，無需多管。對港政策多少表現出井水河水互不干犯的無為而治特徵，也不存在一個統一指導對港工作的機構。[3]

當時中央基本上只掌握外交及國防權，此外還可以說也掌握釋法權，但 1999 年的吳嘉玲案是由特區政府提請全國人民代表大會常務委員會（下稱全國人大常委會）釋法，而非中央主動釋法，至於香港本地事務的各種權力，則交由特區政府自行行使。中央甚至解散所有研究香港的部門，全國港澳研究會顧問劉兆佳也指出：「在那個時候我們很少聽到中央官員，學者會談論香港的事務，盡可能令香港人覺得他並不干預。」[4]

第一任行政長官董建華回憶說，1998 年香港面對金融風暴之時，他曾致電時任國務院副總理錢其琛，希望中央派人來港支

---

2. 廖承志：《廖承志文集》，下卷（北京：人民出版社，1990），頁 668。

3. 饒戈平：〈全面準確貫徹「一國兩制」的戰略決策：從人大制定香港國安法和完善選舉制度說起〉，紫荊網，2021 年 3 月 28 日。

4. 劉兆佳：〈轉變中的中央對港政策〉，灼見名家，2018 年 2 日 13 日。

援。然而，兩日後錢其琛回覆他，說中央對香港認識不深，若派人來給香港各種錯誤的意見，大家都會後悔。錢其琛向董建華表示，中央對港府有信心，相信港府能解決困難，並提醒「一國兩制」下中央不干預香港事務，說：「在一國兩制下，我們（中央）不應派人來港，你不記得嗎？」[5]

這種「不干預」的態度也反映在中央對香港工作機構的人事安排之上。1997 年 7 月香港特別行政區成立後，中央任命廖承志之子廖暉出任港澳辦主任，此前廖暉任職國務院僑務辦公室主任。另外，中央任命姜恩柱為中聯辦主任，此前他曾任外交部西歐司司長、外交部部長助理、副部長及中華人民共和國駐英國大使等職。當時，中央把專責僑務和外交事務的人員擔任對港工作機構的領導。可見，中央把權力約束在外交事務之上。

前新華社香港分社黃文放認為：「當今的香港工作，是高調轉低調的時候，因此，廖暉換魯平，換得合時。……魯平的繼續存在，董特首很難抬起頭來，也很難施展。香港人不會沒有看法。這又怎能突出『港人治港、高度自治』？……今天的香港工作，正需要廖暉的低調。」[6] 雖然黃文放說這話時已經退休，但某程度上也反映了當時中央的想法。

因此，當時在新加坡任職的學者鄭永年認為：「因為實行『一國兩制』，中國只享受主權，沒有治權，『港人治港』，治權在

---

5. 〈憶 98 年金融風暴　董建華透露曾請中央派人來港解危　遭錢其琛拒絕指違一國兩制〉，明報新聞網，2017 年 7 月 7 日。

6. 黃文放：〈魯平與廖暉〉，載《解讀北京思維》（香港：經濟日報出版社，2001），頁 83。

行政長官和香港政府。如此，中國所享有的實際主權少而又少，表現在有限的外交領域，而在大多數領域只享有『名譽主權』。」[7]

直至 2003 年「七一遊行」後，中央對港政策才有所調整，包括成立由 18 個部門組成的中央港澳工作協調小組，由時任中共中央政治局常委、中央書記處書記曾慶紅擔任組長，全面領導港澳工作。另外，中央通過推行「港澳個人遊」及《內地與香港關於建立更緊密經貿關係的安排》（CEPA），嘗試提振香港受非典型肺炎疫情打擊的經濟，為特區政府打造一個有利管治的環境。

然而，饒戈平指出：「雖然意識到了『一國兩制』實踐中的深層次問題，但看來尚未能抓住問題癥結和解決要領，未見出台重大的結構性決策和措施，給人的觀感是『不干預有餘、有所為不足』，香港政治生態依舊，泛政治化浪潮時起時落，社會不確定、不穩定因素在增加。」[8]

「深層次問題」這說法在 2005 年由時任國務院總理溫家寶首次提出，當時溫家寶向時任行政長官曾蔭權說香港有「深層次矛盾和問題」未解決。2009 年溫家寶再向曾蔭權說香港有「深層次矛盾」。2010 年 3 月，溫家寶在兩會閉幕後的記者會上首次具體地說明特區的深層次問題有五個：

一、 如何發揮已有的優勢，繼續保持和發展香港的金融中心、航運中心和貿易中心的地位。

---

7. 鄭永年：〈為何要對香港進行第二次「回歸」？〉，橙新聞，2019 年 8 月 20 日。
8. 饒戈平：〈全面準確貫徹「一國兩制」的戰略決策〉。

二、如何結合香港的特點發展優勢產業，特別是服務業。

三、要利用香港毗鄰內地的優勢，進一步加強香港與珠三角的聯繫。內地的廣闊市場、內地經濟的迅速發展是香港今後發展的潛力所在。

四、香港人民要包容共濟、凝聚共識、團結一致，保持香港的繁榮穩定。

五、注重改善民生和發展教育。[9]

由此可見，當時中央主要把深層次問題理解為經濟、民生問題。

2019 年 9 月 4 日，新華社發表題為〈沉重的底色與扭曲的方向：香港修例風波背後的一些社會深層根源〉的文章，指出：

> 香港深層次矛盾之所以難以化解，既有政治架構上的互相牽制，造成施政困難；也有政府舉措失當，還有長期以來自由市場理念下，教條式執行「小政府、大市場」的理念帶來不作為的問題，而最主要的是，反對派不斷製造和挑起政治爭拗，罔顧經濟民生大局，人為製造了各種困難。[10]

直至 2020 年 6 月，時任國務院港澳辦副主任張曉明才明確表示：「香港的主要問題不是經濟問題，也不是困擾基層民眾的住房、就業等民生問題，或者利益階層固化、年輕人向上流動困難等社

---

9. 〈溫總析港五大深層矛盾〉，《大公報》，2010 年 3 月 15 日，第 A12 版。

10. 〈沉重的底色與扭曲的方向：香港修例風波背後的一些社會深層根源〉，新華社，2019 年 9 月 4 日。

會問題，而是政治問題。」[11] 可見，中央對香港的認識，經歷了不斷深化的過程。

2014 年，中央發布《「一國兩制」在香港特別行政區的實踐》白皮書，明確地提出「全面管治權」概念，重申中央擁有對香港特區的全面管治權，這既包括中央直接行使的權力，也包括對香港特區依法實行高度自治的授權，而高度自治權的唯一權力來源是中央授權，自治的限度在於中央授予多少權力，香港特區就享有多少權力，不存在「剩餘權力」。

「剩餘權力」問題最早是在《基本法》的制定過程中被提出來的，當時香港方面的個別起草委員希望在《基本法》中規定，除國防、外交事務屬中央人民政府外，其餘所有權力都盡歸特區所有，中央無權干涉。雖然《基本法》沒有按照這樣的意見明文規定特區擁有「剩餘權力」，但回歸後從實行情況看來，中央基本上將其權力限制於國防、外交事務之上。這問題要到 2007 年才再次得到澄清，在該年 6 月 6 日，時任全國人大常委會委員長吳邦國在《紀念中華人民共和國香港特別行政區基本法實施十周年座談會》上指出，《基本法》為授權法律，香港特區的高度自治權源於中央政府授權，不存在「剩餘權力」的問題。2014 年發布的白皮書，則作為正式的官方文件重申中央與特區的權力關係。

---

11. 張曉明：〈國家安全底線愈牢 「一國兩制」空間愈大：在紀念香港基本法頒布 30 周年研討會上的講話〉，2020 年 6 月 8 日。

公權力特區層面之一：行政主導不彰

選舉政治對行政與立法部門的影響

不少中央官員、內地和香港學者，以至參與《基本法》起草過程的草委，均強調香港的政治體制是行政主導，也舉出了在《基本法》之內行政主導如何體現。[12] 然而，行政主導不是理論問題，而是實踐問題。從回歸 20 多年的經驗來看，行政主導雖然是《基本法》立法時的原意，但在實踐過程中卻效果不彰，出現行政權力流失與弱化的問題，而這與香港政治體制的設計有重要關係。

不少人用「急凍」一詞來形容回歸前後香港政治體制的變化，認為香港特區政治體制與英治時期的政治體制大致相同，都是有行政、立法、司法三個部門，行政長官也與香港總督（下稱港督）相似。[13] 然而，回歸後的政治體制，由政府成員的產生辦法，到部門的權力與角色，以至部門之間的關係，已經出現巨大變化。

《基本法》訂明，行政長官在當地通過選舉或協商產生，再由中央人民政府任命，與英治時期的港督直接由宗主國任命，兩者方式完全不同。而回歸以來，行政長官都是以選舉方式產生，

---

12. 郝鐵川：〈香港各界共識：特區政治體制是行政主導〉，《明報》，2020 年 9 月 8 日，第 B09 版。

13. 呂大樂：《尷尬：香港社會還未進入一國兩制的議題》（香港：牛津大學出版社，2020），頁 37。閻小駿：《香港治與亂：2047 的政治想像》（香港：三聯書店，2015），頁 43。

未試過由協商產生。雖然選舉的方式不是普選,而是由選舉委員會選舉產生,但這種選舉方式對行政權力造成不少影響。

首先,由於行政長官由選舉委員會的委員投票選出,這意味着參選者為了爭取選委支持,要滿足選委的要求或希望,當選後的施政,就無可避免受到既得利益者的影響。劉兆佳便認為:

> 行政長官不再由「宗主國」單方面任命,而是先由一個選舉機構選舉產生,要由中央人民政府任命,而香港的商界和專業精英在其中佔有相當的份額,可以左右選舉結果。這個選舉辦法的客觀政治後果,是讓香港的資本家和其支持者取得他們在「殖民地」時期可望而不可即的政治權力。……由於行政長官相當依仗資本家和其同路人的擁戴,所以特區的施政路向比「殖民地」時期更多的向資產階級傾斜。[14]

其次,選舉無可避免導致及加劇社會撕裂,即使在愛國陣營內部這也難免,2012年行政長官選舉出現的「梁營」與「唐營」,以及2017年行政長官選舉林鄭月娥和曾俊華的對壘,便是例子。

立法部門方面,在英治時期,立法局議員都是由港督委任,直到回歸前夕,港英政府才發展代議政制,逐步增加立法局的間選及直選議席,發展了香港的選舉政治。強世功認為,港英政府之所以在回歸前急於推行政制改革,目的是「通過民主普選把香港《基本法》中確立的行政主導體制改變為立法主導,……港英政府可以推行立法局直選,讓他們所扶持的代理人名正言順地通

---

14. 劉兆佳:《一國兩制在香港的實踐》(香港:商務印書館,2015),頁93。

過選舉進入立法局。若香港回歸後的政治體制變成立法主導,他們的代理人也就自然獲得了特區政府的管治權。」[15]

雖然港英政府「立法主導」的圖謀沒有得逞,但選舉政治的引入,大幅改變了香港的政治環境。政黨為了爭取選票,必須迎合選民口味,甚至利用情緒工程,主動挑動選民情緒,以刺激他們投票,而香港社會本來存在廣泛的反共拒中情緒,這無疑成為反對勢力挑動選民情緒的絕佳資源。反對勢力一直以「反共抗中」作為主調,利用香港人對中國政府的偏見和不信任,結合具體的民生社會議題,製造及挑動香港人對內地人、中央政府、共產黨及國家的恐懼及仇恨,打造及凝聚支持他們的力量,加劇民粹主義,其結果,就是為激進本土主義思想的興起提供了土壤。

另外,回歸前的立法局選舉曾先後採用「雙議席雙票制」及「單議席單票制」,兩者都對反對派政黨有利,在 1995 年的立法局選舉,反對黨更近乎大獲全勝,因此回歸後,立法會選舉採用「比例代表制」,目的是讓得票數目不及反對勢力的愛國陣營政黨,以有效的配票策略來取得與反對勢力相若的議席。然而,比例代表制同時也增加了小黨進入立法會的機會,因為小黨只需滿足少數選民,便能取得議席,結果是導致激進政黨湧現,例如社會民主連線、人民力量、熱血公民等,造成政治力量的碎片化和激進化。

由於開放式競爭性選舉的引入,行政立法關係也產生變化。回歸前,立法局只是港督的諮詢組織,甚至被稱為「橡皮圖章」。1990 年,在第七屆全國人大第三次會議上,香港特別行政區基

---

15. 強世功:《中國香港》,頁 167。

本法起草委員會主任委員姬鵬飛發表關於《中華人民共和國香港特別行政區基本法（草案）》及其有關文件的說明，指出：「行政機關和立法機關之間的關係應該是既互相制衡又互相配合」。[16]《基本法》第六十四條亦訂明：「香港特別行政區政府必須遵守法律，對香港特別行政區立法會負責：執行立法會通過並已生效的法律；定期向立法會作施政報告；答覆立法會議員的質詢；徵稅和公共開支須經立法會批准。」可見，回歸後的立法會，已經變成一個有實際職權以監察和制衡行政機關的立法機關。

基於立法機關權力的擴充，反對勢力善於利用這些權力來與特區政府討價還價，甚至阻礙政府施政，包括「不斷召開為數眾多的大大小小的會議、提出很多質詢和問題、啟動大量的動議辯論、對政府法案作出大量修訂，甚至利用立法會議事規則的空間，以『拉布』方式阻撓政府法案通過。」[17] 譬如，前行政長官梁振英在候任期間提出重組政府架構，把原來的「三司十二局」改為「五司十四局」，為政務司司長及財政司司長各設立一名副司長，以及新設文化局和科技及通訊局。梁振英要求立法會優先審議重組政府方案，以便 7 月 1 日上任時可以組成「五司十四局」。然而，反對勢力在審議其他法案及議案期間展開「拉布」，

16. 〈關於《中華人民共和國香港特別行政區基本法（草案）》及其有關文件的說明〉，1990 年 3 月 28 日，https://www.basiclaw.gov.hk/filemanager/content/tc/files/basiclawtext/basiclawtext_doc6.pdf。

17. 劉兆佳：《回歸十五年以來香港特區管治及新政權建設》（香港：商務印書館，2012），頁 199–200。

最終逼使政府把方案排到最後，令之未能表決通過，而梁振英在
上任後亦只得宣布擱置重組計劃。[18]

其後，梁振英在 2014 年宣布啟動成立創新及科技局的工作，
立法會大會亦已通過設立創新及科技局的決議。然而，反對勢力
在財務委員會發起「拉布」，導致撥款於該財政年度內無法批出，
決議因而失效。2015 年，政府再次向立法會大會提交成立創新
及科技局的議案並獲通過，但反對勢力再次發起「拉布」，導致
創新及科技局遲至在 11 月才獲批撥款成立。[19]

行政與司法部門的互動

回歸前的香港，實行的是非常有限的成文憲法體制，憲制
文件有《英皇制誥》及《皇室訓令》，但內容只是簡單地訂明英
國對香港的絕對權力，以及授予港督代表英皇管治香港的權力。
由於港督集大權於一身，香港的政治體制內基本上不會出現涉及
權力分配或角色衝突的爭議。以上兩份憲制文件的內容也沒有訂
定香港居民的權利和義務，居民自然沒有挑戰政府行為的法律依
據。雖然也曾有居民尋求法院覆核政府的行為，但有關案件的數
目非常少，範圍也非常窄。[20] 法院相當尊重港督和政府的決定和
政策，基本上能夠保持「有限的、自我約束的，及審慎處理案件
的態度」。[21]

---

18. 〈【版權條例】歷年泛民拉布「戰績」一覽〉，香港 01，2016 年 3 月 4 日。
19. 同上。
20. 邵善波：〈成文憲法對香港司法體制的規制及香港司法改革問題〉，《港
    澳研究》，2020 年第 4 期，頁 4，6。
21. 邵善波：〈一國兩制新憲制秩序下的司法改革〉，《明報》，2020 年
    11 月 13 日，第 B09 版。

此外，既然香港受英國殖民統治，回歸前香港的法律和司法制度自然是英國制度的延伸，終審權在英國，由樞密院負責裁決。

1991年，港英政府制定《人權法》，將《公民權利和政治權利國際公約》和《經濟、社會與文化權利的國際公約》（下稱兩條《公約》）適用於香港的條文變成本地法律的一部分，還訂明《人權法》在香港法律中享有凌駕性的地位，任何與《人權法》有抵觸的法例必須被修改，並要求法院以後判案時要盡量以《人權法》為標準。然後，港英政府通過立法局修訂40多部現有法例，聲稱要使這些條例符合兩條《公約》的要求，這樣做其實違反過去對中方作出的承諾，即現有法律已符合兩條《公約》，不必修訂。另外，香港法院開始以違反「更高層法律」為理由，廢除由政府和立法局制定的法律。

對此，中央採取了相應的針對措施。根據〈全國人民代表大會香港特別行政區籌備委員會工作報告〉，籌委會主任委員錢其琛指出：

> 處理香港原有法律時遇到的一個重要問題是如何處理1991年6月英方不顧我方反對，未經雙方磋商同意單方面制定的《香港人權法案條例》。根據基本法和全國人大關於基本法的決定，只有基本法才能具有凌駕於香港其他法律以上的地位。而《香港人權法案條例》包含有該法具有凌駕地位的條款，是抵觸基本法的。不僅如此，港英根據該條例的凌駕地位，單方面對香港原有法律作出大面積、大幅度的修改。英方的這種行為，違反了中英聯合聲明及基本法中關於「現行的法律基本不變」的規定。籌委會建議，《香港人權法案條

例》仍可採用為香港特別行政區的法律，但其中涉及其凌駕
地位的條款應予以刪除。極少數的條例，由於人權法案的凌
駕條款而作出了重大修改，對這些重大修改，籌委會也建議
不採用為香港特別行政區的法律。[22]

雖然如此，《人權法》對香港司法制度的影響仍然是深遠的。
法律學者陳弘毅強調，中方以上的應對措施沒有導致整個《人權
法》失去作用，因為《人權法》的主體仍將是香港法律，法院可
以在具體案件中予以執行，並自行發展出一套解釋性原則。[23] 加
上《基本法》第三章所訂明的香港居民享有的權利和自由，以及
第三十九條對兩條《公約》的肯定，都成為了法院進行判決時的
法理依據，法院日後甚至直接引用國際條約，改變回歸前的傳
統。

更重要的是，《人權法》導致香港法院增加了維護香港居民
權利和自由的權力和角色，法官在處理相關案件時無可避免涉及
價值判斷，這是法院過去從未有的任務。

回歸後，由於《憲法》及《基本法》，香港變成有成文憲法
及憲制文化的司法制度。而且，香港獲中央授予過去從未有過的
終審權。

在長期沒被挑戰的情況下，香港法院擴大其權力和角色。
例如，《基本法》第一百五十八條訂明，香港法院在審理案件時

22. 錢其琛：〈全國人民代表大會香港特別行政區籌備委員會工作報告：
1997 年 3 月 10 日在第八屆全國人民代表大會第五次會議上〉，《人民
日報》，1997 年 3 月 20 日，第 03 版。
23. 陳弘毅：〈九七回歸的法學反思〉，《二十一世紀雙月刊》，總第 41
期（1997 年 6 月），頁 145。

對《基本法》有解釋權，但這不等如法院有權以違反《基本法》為由，宣布法律無效。回歸前，全國人大常委會根據《基本法》第一百六十條，對香港原有法律作出審查，廢除或修訂了一些與《基本法》有抵觸的原有法律。因此，理論上，回歸後實施的原有法律都應已符合《基本法》。

然而，回歸後香港法院確立了自己對違反《基本法》的審查權。在 1997 年的「馬維琨案」中，法官陳兆愷指出，香港法院作為地方司法機關，雖然無權審核最高權力機關的行為是否符合法律，但「沒有任何權威禁止香港法院去審查這些法律或決議是否存在，其範圍如何，及在香港執行的，是否與這些法律或決議是一致的。」[24] 陳兆愷強調，香港法院有權力和責任去查證這些法律或決議是否存在，以及處理這些法律或決議在香港執行時引起的爭議。然而，基於對香港法院獨立司法權的尊重，無論特區政府還是中央政府，在審判過程中都沒有對案件作任何評論。[25]

在 1999 年的「吳嘉玲案」中，香港終審法院甚至更進一步，在判詞中明確指出特區法院確實有司法管轄權，而且有責任在發現與《基本法》有抵觸時，宣布全國人大及其常委會的立法行為無效，這樣做就是試圖凌駕於全國人大及其常委會的權力之上，在「吳嘉玲案」中代表特區政府的律師在法庭上沒有對法院所宣稱的權力作出質疑。

終審法院此判詞引起中央高度關注，新華社隨後以新聞稿的

---

24. 邵善波：〈成文憲法對香港司法體制的規制及香港司法改革問題〉，頁 6。

25. 強世功：〈和平革命中的司法管轄權之爭：從馬維琨案和吳嘉玲案看香港憲政秩序的轉型〉，《中外法學》，2007 年第 6 期，頁 661。

方式播發了內地四位曾經參與《基本法》起草的著名法學家蕭蔚雲、許崇德、邵天任和吳建璠對判詞的嚴厲批評。其後，特區政府律政司向終審法院提出申請，請求終審法院就判詞中涉及全國人大及其常委會的部分作出澄清。根據普通法原則，法院一般不會在宣判後再解釋判詞內容，因此這次請求十分罕見，但面對中央及特區政府的壓力，終審法院決定就申請正式開庭審理，並就判決進行澄清，指出：「我等在判詞中，也沒有質疑全國人大及其常委會依據《基本法》的條文和《基本法》所規定的程序行使任何權力。我等亦接受這個權力是不能質疑的。」[26]

雖然終審法院有這樣的澄清，但強世功指出，澄清判決中，「沒有一句提到全國人大代表大會是最高國家權力機關，更沒有提到國家主權之類的字眼，甚至也沒有提到憲法，而是一切以基本法為最終依據，即以基本法作為最高的權威。」[27] 而且，法院對自己擁有違憲審查權的認識在往後沒有太大改變，特區政府也長期默許此情況。司法覆核程序被大幅引用，便是例子。

1997 年回歸時，司法覆核申請僅 112 宗，到了 2019 年已激增至 3,889 宗，增幅高逾 30 倍。以 2017 至 2019 年計，2019 年司法覆核申請較 2018 年多 875 宗，增加近 30%；而與 2017 年的 1,146 宗比較，2019 年司法覆核申請宗數的增幅亦以倍計。[28]

濫用司法覆核已經成為反對勢力阻撓政府施政的政治工具。2009 年 12 月，港珠澳大橋珠澳口岸人工島動工，但一個月之後，

---

26. 同上，頁 665。
27. 同上，頁 665。
28. 〈淪攬炒派亂港工具浪費公帑損民生　法律專家：司法改革先杜絕「濫用覆核」〉，《大公報》，2020 年 9 月 20 日，第 A04 版。

東涌富東邨居民朱綺華提出司法覆核，稱港珠澳大橋環評報告不符合要求。2011 年 4 月，朱綺華獲高等法院判勝訴。特區政府提出上訴，上訴庭於同年 10 月裁定政府上訴得直。有關司法程序令工程延誤至少九個月，港珠澳大橋香港段造價最終額外上升89 億港元，浪費大量公帑。[29]

2015 年 2 月，赤鱲角機場三跑工程遭環保人士提出司法覆核，令工程受阻兼有開支增加的危機。機場管理局行政總裁林天福指，若工程延遲一年動工，工程費用每年便有機會額外增加逾70 億港元，若整個司法覆核拖延至最長四年以上，整體造價將額外增加至少 280 億港元。[30]

司法覆核被濫用的直接效果，是嚴重地約束行政權力。劉兆佳指出：「香港的法院可以在訴訟中藉着應用和解釋人權法取得推翻政府政策和自行制定公共政策的權力，從而削弱『行政主導』原則和特區政府的管治權威和能力。」[31]

例如，修例風波期間，行政長官會同行政會議引用《緊急情況規例條例》（下稱《緊急法》）訂立《禁止蒙面規例》（下稱《禁蒙面法》）。然後，反對派議員就《禁蒙面法》申請司法覆核，高等法院原訟法庭裁定政府引用《緊急法》訂立《禁蒙面法》違反《基本法》，導致《禁蒙面法》失效，律政司及警隊亦因此須暫停執行該法例。

《禁蒙面法》被裁定違憲後，全國人大常委會法制工作委員

---

29. 〈申覆核阻運作三案例〉，文匯網，2020 年 10 月 6 日。
30. 〈最貴基建：環團覆核挑戰　三跑恐超支 280 億〉，東網，2015 年 3月 18 日。
31. 劉兆佳：《一國兩制在香港的實踐》，頁 113。

會發言人臧鐵偉指法工委對判決表示嚴重關切，認為《憲法》和《基本法》共同構成特別行政區的憲制基礎，香港法律是否符合《基本法》，只能由全國人大常委會作出判斷和決定，任何其他機關都無權作出判斷和決定，亦認為《緊急法》符合《基本法》，香港高等法院原訟法庭有關判決的內容嚴重削弱香港特區行政長官和政府依法應有的管治權，不符合《基本法》和全國人大常委會有關決定的規定。[32]

其後，政府提出上訴，上訴法庭於 2020 年 1 月 9 至 10 日處理上訴，在 4 月 9 日裁定政府部分上訴得直，惟對「於合法遊行集會下禁止蒙面」與「警員有權要求身處公眾地方人士除去蒙面物品」這兩條文維持違憲的判決。12 月 21 日，終審法院裁定政府上訴得直，指在已發出「不反對通知書」的遊行和集會禁止蒙面的條文合憲。

終審法院前常任法官烈顯倫（Henry Litton）也曾批評，回歸 20 多年香港法院一直「誤入歧途」，法院持續地讓公共利益屈從於個人權利，創造了導致動亂的社會環境，因此必須進行司法改革。

烈顯倫的批評並非無的放矢。從「潘蓮花案」及「重奪公民廣場案」來看，不難發現人權意識對司法文化的影響，甚至波及法官的判決。

「潘蓮花案」源於 2013 年時食物環境衞生署在一次行動中沒收法輪功在政府土地擺放未經批准的展品，並檢控兩名法輪功成員洪瑞峰及潘蓮花。二人其後提出司法覆核。法官林雲浩頒下

---

32. 〈全國人大常委會法工委發言人就香港法院有關司法覆核案判決發表談話〉，新華社，2019 年 11 月 19 日。

判決，裁定由於《公眾衞生及市政條例》第 104A(1)(b) 條與《基本法》中與言論、集會及遊行自由的第二十七條及第三十九條不相符，屬於違憲，將食物環境衞生署署長要求拆除那些告示及橫額的命令推翻。[33]

「重奪公民廣場案」源於 2014 年時黃之鋒、羅冠聰、周永康組織人群衝進政府總部東翼前地（俗稱公民廣場），其後三人到灣仔警察總部正式接受拘捕。黃之鋒被控煽惑他人參與非法集結罪，以及參與非法集結罪；羅冠聰被控煽惑他人參與非法集結罪；周永康則被控參與非法集結罪。案件在裁判法院審訊，由裁判官張天雁負責審理。結果黃之鋒及周永康被裁定非法集結罪成，羅冠聰則被裁定煽惑他人參與非法集會罪成。張天雁判決時指出，法庭信納三人是因為自己的信念或對社會現狀的關心而表達意見及訴求，動機並非為利益或傷害他人，所以應採取較為寬容及理解的態度。因此，黃之鋒及羅冠聰判處社會服務令，周永康則獲判緩刑。[34] 律政司其後提出刑期覆核。律政司指，案發時三人連同其他示威者共逾一百人；三人有計劃、有預謀地犯案，但裁判官側重了他們犯案的動機去量刑。三人的社會服務令報告顯示他們並無悔意，而社會服務令的先決條件是要真誠悔意，故判監是唯一選擇。2016 年 9 月 21 日，張天雁頒下判決，指三人年輕初犯，過往的非法集結案件，法庭亦曾判處非監禁式刑罰；律政司援引的案例涉及三合會和非常暴力，不能相提並論。張天

---

33. 烈顯倫（Henry Litton）著，田飛龍譯：《香港司法的未來》（香港：商務印書館，2022），頁 13–16。

34. 〈衝公民廣場雙學三子免坐監　官稱純真關心社會應寬容理解〉，《明報》，2016 年 8 月 16 日，第 A02 版。

雁又指，判刑時已小心考慮案情、被告背景、犯罪行為、後果和動機，以及他們的悔意，故駁回律政司上訴，下令律政司支付訟費。[35]

其實，早於 2013 年，終審法院常任法官李義在處理的上訴案中強調，當示威者作出暴力行為或威脅作出暴力行為，即是「破壞社會安寧」時，他們便超越了受憲法保障的和平集會自由，亦侵犯了其他人的權利和自由，因而成為非法活動，須受到法律制裁。[36] 2021 年 3 月和 4 月，司法機構轄下的司法學院為裁判官舉辦「量刑工作坊」，就公民抗命，言論自由和集會自由是否屬減刑因素作出討論，便曾援引李義法官於 2013 年的判詞，指示若涉及少年犯的「縱火」、「非法集結」、「襲警」、「在公眾地方管有攻擊性武器」及「刑事毀壞」等罪行，重申法庭要保持中立，不傾向於任何價值觀或理念，為了政治、社會或其他理念而犯法並不是減刑因素。量刑工作坊提醒各裁判官幫助少年人更生合乎社會的整體利益，但提供更生機會並不代表年輕這個因素可凌駕於其他判刑原則之上。年輕因素的比重取決於罪行嚴重性和案件情況。[37]

從 2014 年「重奪公民廣場案」的判決來看，法官判案存在個人政治傾向的因素，並與 2013 年李義法官的判斷有衝突之處。

除了以上個案，還有一宗關於「公民廣場」的司法覆核案件。

---

35. 〈律政司上訴遭駁回黃之鋒三人維持原判〉，《東方日報》，2016 年 9 月 22 日，第 A19 版。

36. 〈司法學院提醒裁判官　年輕不可凌駕量刑原則〉，《星島日報》，2021 年 6 月 15 日，第 A04 版。

37. 同上。

2014 年 9 月 10 日，「公民廣場」受衝擊後，政府在「公民廣場」加建高欄，並修訂政策限制市民出入時間。退休攝影記者張德榮不滿修訂，入稟司法覆核，要求法庭裁定有關修訂違反《基本法》。其後，高等法院裁定有關限制違反《基本法》。法官區慶祥直指政府錯誤地認為自己是業權擁有人，便可限制市民的表達及集會自由，又指限制過分嚴苛及不合符比例，故裁定申請人勝訴。[38] 限制是否嚴苛和合符比例，這完全取決於法官的個人價值和取向，與法律本身無關。

事實上，回歸後成文憲法的出現，使法官需要處理涉及個人權利與公共利益之間出現衝突的案件，而判決時往往是建基於法官的個人價值和取向。換言之，這是相當具政治性的行為，而多宗相關案件的判決，均反映出法院尚未有足夠的經驗去處理。

行政部門的自我約束

雖然行政部門的權力因種種因素而被削弱，但整體上在行政主導體制下，行政部門的權力依然是巨大的。因此，行政主導能否得到彰顯，與行政部門如何運用其權力有重要關係。

問題在於回歸後行政部門一直自我約束其權力，假如行政部門能夠充分運用其權力，則公權力在回歸後不致於如此不彰顯。

例如，香港土地及房屋問題嚴重，這是人所共知的，政府要積極尋覓土地，其中一個可行方法是引用《收回土地條例》收回土地以作公共發展用途。然而，行政長官林鄭月娥上任初期一直對引用《收回土地條例》十分抗拒。林鄭月娥曾表示，土地問

---

38. 〈市民覆核「公民廣場」限時開放獲勝訴　官指限制過份嚴苛屬違憲〉，香港 01，2018 年 11 月 19 日。

題雖然迫在眉睫，但政府不能隨意引用《收回土地條例》，否則可能面臨漫長的司法覆核程序，以致無法有效釋放土地，解決問題。她指出，由於《基本法》第六條和第一百零五條保障私有產權，行使《收回土地條例》或會導致私有產權擁有人採取司法覆核，以致受社會歡迎的項目被擱置。

然而，林鄭月娥後來對引用《收回土地條例》的態度改變，於 2019 年 10 月的《施政報告》中加入「運用《收回土地條例》及其他適用條例，收回三類私人土地發展公營房屋、首置單位及相關設施」，[39] 並於 2021 年 5 月宣布動用《收回土地條例》收回三幅位於元朗及粉嶺、原劃作住宅及綜合發展區用途的私人土地。[40] 為何過去不願引用此法例，數年後便一改態度？難道過去收回不是為了公共利益？難道現在就沒有面對司法覆核的挑戰？這些問題，反映出行政部門對權力運用的不同觀念，也證實了過去行政部門一直在迴避事、一直自我約束權力，實為「是不為也、非不能也」！

同樣地，對司法覆核的畏懼亦令特區政府不敢動用《基本法》條文來協助施政。劉兆佳指出：

《基本法》第四十八條所授予行政長官 [發布行政命令] 的權力非常廣泛，而且極少附帶條件，原意是為了讓特首在管

39. 〈林鄭突揮「尚方寶劍」 梁志祥料陸續有來：收回土地做法精明〉，香港 01，2021 年 5 月 14 日。
40. 〈施政報告分析｜林鄭覓地 4 年反轉再反轉 明日大嶼「主菜變配菜」〉，香港 01，2021 年 10 月 8 日。

治時更能得心應手。然而，特區政府極少直接引用《基本法》的條文作為它制定政策的依據，……它這樣做其中一個原因是為了避免引發法律訴訟或人大釋法，並因此引起社會上的一些反彈，但結果便是行政權力受到自我約束。[41]

《基本法》第四十八條授予行政長官發布行政命令的權力，這可以用美國的例子作為參照，美國總統經常以行政命令來施政，但回歸以來，為免遭受司法覆核，行政長官幾乎沒有利用過行政命令方式來推行政策，因而該條例被形容為「處於沉睡狀態」，是變相的自我約束權力。

至於維護國家安全，雖說政府一直未能完成《基本法》第二十三條立法，但回歸後香港不是完全沒有與國家安全相關的法律可用。英治時期所訂立的有關叛逆、煽動和官方機密等罪行，已經根據《香港回歸條例》作適應化修改，有關法律的保護對象是中國。然而，這些原有的法律長期備而不用，主要原因是特區政府和律政司一直視這些法律「過時、嚴苛或定義太廣」（政府在解釋為《基本法》第二十三條立法的理據時也經常強調這一點），擔心會遇到司法覆核的挑戰和人權組織的攻擊。因此，在2014年發生佔中運動時，即使社會上有聲音要求律政司動用「煽動罪」起訴相關人士，律政司最終也沒有聽從，這反映了政府對公權力的自我約束。

---

41. 劉兆佳：《回歸十五年以來香港特區管治及新政權建設》，頁214。

2019 年 6 月 6 日，立法會保安員成功清場，將幾個佔領立法會議事大廳的泛民主派立法會議員驅離（文匯報攝）

2019 年 8 月 2 日，有公務員以「公僕全人，與民同行」為主題，在中環遮打花園舉行集會（文匯報攝）

2019 年 9 月 13 日，「保衛香港運動」示威，在高等法院門前進行「強烈抗議法院放生暴徒」集會（文匯報攝）

2020 年 1 月 9 日，荃灣區議會區議員在會議廳表達政治訴求，有人舉政治標語及頭盔（文匯報攝）

公權力特區層面之二：
缺乏健全維護國家安全的法律制度和執行機制

英治時代，香港設有政治部，隸屬於皇家香港警務處刑事部，實際上直接由英國軍情五處指揮，主要責任為收集情報、監控政治人物、處理社會運動、應對外國勢力，以維護殖民地的穩定和安全。

回歸之前兩年，港英政府將政治部解散，所有檔案逐步移送英國軍情六處。前政治部特工羅亞在其著作《政治部回憶錄》中認為，回歸後重組政治部是事在必行的：

> 九七後香港特區政府有需要因應外國勢力的滲透及間諜活動
> 而採取相應對策，應付來自前港英政治部的殘餘潛藏勢力，
> 及駐港總領事館內英國軍情六組特工的潛在威脅。現在已有
> 大量來自英國、免入境簽證及無就業限制的英國公民流入本
> 港，其中自有肩負特別任務者，陸續滲入本港政府架構和工
> 商機構，借着國際化時局，趁港府無能制定監察機制之前，
> 進佔有利位置，到九七年後，便可以堅穩勢力，植根本港，
> 從而在特區政府進行滲透工作。故此特區政治部的重組，乃
> 屬事在必行。[42]

羅亞在書中建議，回歸後特區政府需要「制定外國勢力在港運作方面的限制」，包括「限制領事館車輛及雇用本地人員數目、

---

42. 羅亞：《政治部回憶錄》（香港：香港中文大學香港亞太研究所海外華人研究社，1996），頁 217。

2019 年 6 月 9 日，民陣舉行第三次反修例遊行，示威者舉「香港獨立」旗幟（文匯報攝）

活動範圍及性質，同時監視其在港進行一切反政府及滲透活動。」[43]

然而，回歸後，中央並沒有重設香港的維護國家安全機構。原政治部的保安工作雖然交由香港警隊刑事及保安處負責，但工作範圍基本上不再涉及國家安全，執法力度亦十分有限。有前政治部成員表示，回歸後的保安工作「只有殼沒有肉」，因為由於缺乏國家安全法律依據，警方無法對涉及危害國家安全的資金進行截查、竊聽、跟蹤等，亦由於欠缺國家保安層面支持，難以與各國駐港領事館交換情報，防止外部勢力破壞，這導致外部勢力在香港橫行無忌，猶如「無掩雞籠」。[44]

更關鍵的是，香港一直未能為《基本法》第二十三條立法。《基本法》第二十三條訂明：「香港特別行政區應自行立法禁止

---

43. 同上。

44. 〈前特工：撤政治部無掩雞籠致外力滲透　英布國安陷阱靠害香港〉，《大公報》，2020 年 6 月 15 日，第 A01 版。

任何叛國、分裂國家、煽動叛亂、顛覆中央人民政府及竊取國家機密的行為，禁止外國的政治性組織或團體在香港特別行政區進行政治活動，禁止香港特別行政區的政治性組織或團體與外國的政治性組織或團體建立聯繫。」這反映了中央授予香港特區自行立法的權力，體現了中央對香港的寬鬆態度和充分信任，而立法是特區政府必須履行的責任。

魯平回憶道：

總體來說香港《基本法》相當寬鬆，……在涉及國家安全方面，第二十三條規定香港應自行立法加以規定。為甚麼要香港自己立法，考慮到我們國家的《安全法》對香港不適用，既然是「一國兩制」，我們也不能替香港來立法，所以這個問題應該也必須由香港特別行政區自己來解決。但是這個過程當中遇到一些阻撓，有些人故意把這提到很高的一個政治問題上來談，所以到現在為止，香港至今還未按照《基本法》第二十三條的規定立法，香港也成了世界上絕無僅有的一個對國家的安全沒有一部完整的法律保障的地區。[45]

然而，自 2003 年立法失敗後，特區政府一直沒有再推動為國家安全立法，「二十三條立法」也成為了各屆政府的禁忌，一直避而不談，或以時機不適合為由推搪。在缺乏健全的維護國家安全法律制度和執行機制下，香港有如「無掩雞籠」，外部勢力能夠肆無忌憚地在香港進行反中亂港活動。

---

45. 魯平：《魯平口述香港回歸》，頁 64–65。

結語

本章從中央對管治權的自我約束、行政主導無法彰顯、《人權法》實施後司法部門的權力膨脹、缺乏健全維護國家安全的法律制度和執行機制等四個方面，分析回歸後 20 多年利維坦公權力長期被弱化的現象與成因。

修例風波只是導火線，本土主義、激進主義也只是易燃品，更值得關注及反思的是這些易燃品為何會堆積於香港，直到一天被點燃爆發。利維坦長期被弱化，其原因固然有回歸前遺留下來的政治社會因素，但也因為回歸後未有明確的意識去處理相關問題，導致這些問題不但沒有得到修補，反而裂縫愈深，病入膏肓。修例風波期間，更出現利維坦公權力短暫缺位，引發大規模的反中動亂；直至差不多踏入「五十年不變」的中段，動亂才逼使中央下決心動手處理這些問題。

第七章：

反中動亂的荒誕劇

2019 年荒誕劇的舞台是怎樣構成的？

2019 年在香港發生的事件是荒誕（absurd）的，其荒誕程度，令眾多熟悉香港的人對當中的景象不忍卒睹，痛心疾首，無從理解。我們不妨將這段時間的香港視作一個舞台，把整場反中動亂視為在香港上演的一齣震驚世界的荒誕劇，然後嘗試理解這場荒誕劇的脈絡及其荒誕之處。

香港的「無序」狀態有兩個面向，一個是利維坦公權力缺位的後果，另一個是歷史虛無主義的禍害。暴動者將自古是中國一部分的香港想像成為「香港民族」的共同體，可以脫離近在咫尺的祖國母體。可能他們深受安德森（Benedict Anderson）的《想像的共同體：民族主義的起源與散布》（*Imagined Communities: Reflections on the Origin and Spread of Nationalism*）一書的影響，[1]

---

1. 本尼迪克特·安德森（Benedict Anderson）著，吳叡人譯：《想像的共同體：民族主義的起源與散布》（上海：上海人民出版社，2005）。（原作首版年：1983）

但只取其表面意思，忽視該書的社會文化結構及制度分析。香港人與西班牙南美殖民地的移民一樣，與祖國母體血源、種族及語言相同（粵語只是方言），但兩者與母體都不存在統一的行政系統，如人員及文書不能互換，地方政治精英亦不能與祖國的同輩循同一途徑向上流動成為全國的統治階層成員。但香港並非西班牙的南美洲殖民地，不是遠離母體數千公里以上。香港地處中國南陲，與中國大陸連接一起，部分只是大陸的離島而已，不似西班牙南美洲殖民地要跨越廣闊的大西洋，並且是經過侵略得來的。更何況，他們忘卻了香港就是中國近代百年國恥的起點。

民族國家是西方的現代產物，西班牙南美洲殖民地宣布獨立成為國家，與北美洲的美國獨立一樣，可以說是基於社會契約而由殖民地人民立憲創建出來的「想像共同體」。然而，中國並不一樣，她有連續不斷的文明，朝代的更替並不改變中華民族本身，即使在朝代更替中加入了蒙元及滿清等新的統治民族，建立的朝代仍自稱、也被視為中國的正統政權。可以說，憑「想像共同體」而宣稱他們可以創建「香港民族」的港獨分子，並不明白虛無主義的歷史觀不可能敵得過周秦以來三千年「大一統」形成的強大國家凝聚力。

利維坦公權力缺位與歷史虛無主義構成了2019年這齣荒誕劇的基礎，而荒誕劇上演的舞台是「虛擬網絡廣場」。所謂「廣場」是借用了芬納在其著作《統治史》所提出的一種「廣場式政體」的概念。廣場式政體在2019年的香港時空，更因為網絡化而成為整場荒誕劇的舞台。隨着網絡技術、移動通訊裝置、通訊程式的成熟及普及，兩千年前的「廣場」得以重現，並以虛擬化的形態打破了過去的物理空間條件。每一部移動裝置就是「虛擬廣場」的一個組成部分，讓煽動家在網絡平台發表鼓動民眾的政

2019 年 7 月 1 日，「七一遊行」示威，有人擺設莫忘烈士祭壇，悼念盧曉欣、鄔幸恩、梁凌杰（文匯報攝）

治言論及策劃政治行動。歷史虛無主義、港獨思想、勇武抗爭主張、虛假資訊透過這種虛擬廣場散播滲透至民眾，尤其是慣用相關平台的青年，其效率遠超過去，所做成的暴民政治的惡果亦極端嚴重。2019 年的「廣場」已劣質化成為極端以至瘋狂的舞台，配搭上由利維坦公權力缺位與歷史虛無主義編寫的劇本，荒誕劇的上演反而顯得「合情合理」。

雖然如此，反中動亂上演的一幕幕場面，確實令眾多香港人感到震驚。這種震驚不只是在於對動亂畫面的震撼，更在於行動背後的動機，如此不可思擬的現象，我們姑且名之為「荒誕」。何謂「荒誕」？如何「荒誕」？是個值得探討的問題。

何謂「荒誕」？

「荒誕」一詞，一般用以形容虛妄、脫離現實、不可信的境況和情節。至於「荒誕劇」一詞卻有其理論基礎，指的是劇情內的人物處於無望境地，重複無意義及荒誕的舉動，對白充滿陳腔濫調、文字遊戲和廢話。

「荒誕劇」是指 1940 年代至 1960 年代主要興起於歐洲的一個戲劇流派。「荒誕劇」這一名詞，最早見於英國戲劇評論家艾思林（Martin Esslin）1960 年出版的〈荒誕派戲劇〉（The Theatre of the Absurd）。[2] 荒誕劇的特色在於故意不用傳統、理智的手法來表達故事主題，而是用荒誕的手法直接表現荒誕的存在。荒誕劇不用合乎邏輯的結構和明智的理性去闡明人的生存處境，而是直接用形象表現對理性的懷疑和否定。故此，這些作品往往沒有戲劇性事件，沒有劇情轉折和起伏跌宕，沒有結局，缺乏時間感，由開始到結束都處於無稽的狀態，只是表達空虛無聊、滑稽及殘酷的信息，以呈現其荒誕性。

「荒誕」一詞，由拉丁文的 sardus（耳聾）演變而來，從哲學的角度，指個人與其生存環境的脫節。2019 年的反中動亂，比荒誕劇更荒誕的是其活現在現實生活中，是以現實世界為舞台而上演的荒誕劇。這部劇不乏艾思林所述的荒誕劇元素，但卻更為荒誕。其更甚之處，在於脫離現實的程度，若將 1950 年代的戰後歐洲與 2019 年的香港相比，兩者的現實基礎相差甚遠。1950 年的荒誕劇雖然荒誕，但在回應時代問題上沒有脫節，而

---

2. Martin Esslin, "The Theatre of the Absurd," *The Tulane Drama Review*, Vol. 4, no. 4 (1960): pp. 3–15.

2019 年的荒誕劇，卻是在嚴重與現實脫節的想像下產生，反過來建構了失序的現實。香港自古以來都是中國一部分，港獨暴動者憑想像出來的所謂「香港共同體」，要求達至彼等的獨立欲望；這可說是構成香港這一幕充滿暴力的荒誕劇的社會文化及心理背景。可以說，1950 年代是法國以至歐洲大戰後的悲慘現實創造了荒誕，而 2019 年香港的暴動者卻在中國「強起來」並開始洗脫百年國恥的現實下，荒誕地建構了「現實」。

何以荒誕？2019 年反中動亂中的荒誕的設定是這樣的。首先是對現實的錯誤認知，錯誤的嚴重程度到了形成不能接受現實的心態。在這個情況下仍拒絕面對，選擇逃避，逐漸失去艾思林荒誕劇處理現實而不脫離現實的能力。在這個階段，角色的思考與言行與現實脫節，投入歷史虛無主義的行動，編寫出比荒誕劇更為荒誕的劇本，活生生地在香港上演。艾思林指出：「[戲劇中的] 荒誕是缺乏目的，……一個人若和宗教的、形而上學的、超驗的根基斷絕聯繫，他就會迷失；他的全部行為都會變得無意義、荒誕及無用……。」[3] 這種對荒誕的剖析，正好與香港 2019 年的反中動亂對應。荒誕劇的特徵是無稽狀態、空虛無聊、沒有結構、放棄理性、陳腔濫調、言行荒誕、重複無意，這些均可見於香港的反中動亂。

隨意想像的本土、從辱華到賣國

反中動亂者的史觀是混亂並破碎的，其種種言行可反映彼等

---

3. Martin Esslin, "The Absurdity of the Absurd," *The Kenyon Review*, Vol. 22, no. 4 (1960): p. 671.

對歷史一知半解，以自我為中心想像現實，這符合虛無主義歷史觀的定義。如反中動亂者喜以「本土」自居；然其對香港傳統歷史文化，所知者不多。如他們對香港的圍村、鄉土的根源文化，少有觸及。如吉慶圍的鐵門事件、新界六日戰爭等歷史，以「本土」自居者如有涉獵，應對英殖政府有所批判，但其對英國前殖民者卻展現友善態度，兩者對照，甚為荒謬。再者，「本土」常以粵語為重要文化符號，然而廣府話（俗稱廣東話）本身已非香港本土產物，若以語言為例，圍頭話等更可稱得上是香港本土語言，何不見「本土」者要保育圍頭話！由此可見，「本土主義者」背離真實的本土，「本土主義者」只是以本土歷史為由，想像港獨的欲望可以達到他們的新樂土、新世界。

再者，反中動亂者有極度的仇中情緒，甚至使用具辱華歷史含意的「支那」形容中國、「支那人」形容中國人。他們用當年日本侵略者的辱華用語，以宣洩其極度的仇中情緒。然而，日本人當年侵華，亦佔領香港三年零八個月，「支那人」亦包括當年的香港華人，此其一。其二，香港自 1940 年代到新中國成立後一段不短時期都有內地難民、偷渡者及移民來港，構成香港人口的重要組成部分，當中包括今天反中者的祖輩、父輩，他們正是「支那人」的後代。由此可見，以「支那」一語侮辱自己長輩，數典忘祖，荒誕之極！

反中動亂參與者是否對中國所遭受的百年國恥一無所知呢？自鴉片戰爭以後的百年，中華民族受盡包括日本在內的國際列強欺凌，被迫簽訂不平等條約，淪為半殖民地，直至新中國成立才清洗這段屈辱的歷史。由於這段民族傷痛，「支那」一詞及港獨口號自然引起國民的公憤，不可能對打擊黑暴及港獨分離主義分子有任何妥協！如今的中國正從百年國恥陰影走出來，高舉「中

華民族偉大復興」的旗幟，從毛澤東「站起來」，鄧小平「富起來」，到習近平「強起來」；此時此刻，民族意志正盛，怎會容得下港獨暴動者的反華侮辱呢？

觀乎反中動亂者的言行，他們似乎對中華民族百年傷痛毫不在意，只懂照搬東方主義的話語，將中國政權視為「專制」、「極權」、「暴政」；憑空想像「暴政必亡」，以為他們的暴力愈猖獗，特區及中央政府便會讓步！更荒誕的是，他們居然遊行到西方國家駐港領事館，並高舉彼等國旗，聲稱要做外國勢力的「引路黨」。這種賣國舉動若不令國人想起當年「八國聯軍」的侵略史實，幾希矣！更有甚者，反共反華分子黎智英居然在美國政府領導人面前信誓旦旦，要為美國人而戰，企圖勾結外部勢力，使香港成為西方強權在中國境內的「新租界」。這些開歷史倒車的行徑，荒誕之極。

與現實相距千里的「亂世觀」

暴亂者的行為，反映了其對現實的認知與觀感。分析彼等的現實觀，亦可對其觀念的荒誕有更直接的理解。

反中動亂的參與者持有一種「亂世觀」，見於其「生於亂世，有種責任」的口號。在他們眼中，目前香港處於亂世。這種「亂世」感是雜亂的，如他們將香港的房屋問題、貧富懸殊，摻雜於其政治不滿及對政府的反感。然而，香港的現實是否真如其口中所言的亂世？

我們不諱言香港經濟繁榮下，不少居民的居住條件糟糕得很，這實在與作為國際大都會的地位不配。不過，香港的窮人不至於陷入無瓦遮頭的慘況；整體居民的平均居住面積的確細小，

租金及房價亦高企，超越一般人的負擔能力，這實在是值得詬病之處！不過，近年貧窮狀況稍有改善，老人的現金補貼令受惠者增加，金額亦有提升。至於貧富懸殊，實乃任何金融中心必須面對的問題！整體而言，香港的社會問題是富裕社會的不患寡而患不均，可說是個普遍現象。西方福利國家以二次分配減低貧富懸殊的嚴重程度，但香港稅基狹窄，只能依靠政府以稅收及賣地收入作適量再分配。最有效的方法還是大幅增加非財政的再分配，如補貼的公共房屋及低於市價出售的居屋。惟回歸後，土地房屋政策出現若干次重大失誤，如董建華任期「八萬五」被迫落馬，曾蔭權任期內沒有填海造地，梁振英受反對派及環保團體阻撓，拓展土地舉步維艱！如此種種，造成香港這個富裕社會中的「相對匱乏」（relative deprivation）問題，這問題特別容易引起青年的不滿與反感。然而，這是產生於富裕社會的問題，恰恰反證了香港的實際情況與客觀的「亂世」不符，用以處理的手段也應是良性的社會政策改革，而非暴力動亂。

這種「亂世觀」從何而來？有說此類似一種「期望值上升的革命」（revolution of rising expectations）。香港在過去一段時間持續發展，在經濟及社會層面都創造了大量的機會和利益，人民的期望值相應持續上升；但好景不常，產業結構單一、社會流動困難成為香港（尤其是青年）發展的困境。此時，原來的期望值仍保持上升，並與現實滿足感之間的落差不斷擴大時，這種「期望落差」在某個時間點會釀成「絕望」感，爆發「革命」。

用「期望值上升的革命」解釋「亂世」是否合理？從客觀的跨國社會發展數據比較，香港的整體社會生活狀況又實在不錯！例如聯合國「人類發展指數」（Human Development Index）的排

2019 年 8 月 13 日，「黑警還眼 百萬人塞爆機場」集會，示威者繼續癱瘓機場，堵塞 1 號及 2 號客運大樓離境閘口，阻止旅客登機（文匯報攝）

名，香港 2019 年全球第四，高於英美兩國；[4] 以出生時預期壽命觀之，2019 年的數據是男性 82.4 歲、女性 88.1 歲，名列世界前茅。[5] 這兩個指數都是總體的指標，即可以反映一個地區福祉的總成績單。誠然，香港有深層次的社會矛盾，也有因此造成的期望落差，但從綜合社會發展指標而言，卻與「亂世」相去甚遠。

「相對匱乏」、「期望落差」這兩種問題都有社會基礎，但其與「亂世」仍拉不上關係。反中暴動者利用了這些問題與負面心態，構造「亂世」的場景。故此，提出「亂世觀」是荒誕的，

4.　聯合國開發計劃署：《2020 年人類發展報告：摘要》（紐約：聯合國開發計劃署，2020），頁 16。

5.　世界銀行：〈數據：出生時的預期壽命〉，2023 年 8 月 22 日瀏覽，https://data.worldbank.org.cn/indicator/SP.DYN.LE00.IN。

尤有甚者是以之將其極端主義暴行合理化。觀乎暴動者的極端行為，如縱火、「私了」、破壞公物及店舖，均是超越常理及對社會的極度破壞。暴動者要為這些行為尋找根據，證明他們的行為是合理及正義的，故此塑造出「亂世觀」。荒誕的觀念製造荒誕的場景，並以之上演荒誕劇；這些抱持「亂世觀」的暴動者，其行為正正製造了香港回歸以來最動盪的亂局。

在現實環境中，香港高度依賴內地，如飲用水、糧食及一般生活物資都來自內地，經濟發展尤其是資本市場更為依賴內地資金及政策。但反中動亂者仍提倡港獨主張，甚至提出天方夜譚式的夢囈——香港可自行建立供水系統，糧食可自給自足；足見這種政治主張完全脫離現實，極之荒誕，亦注定會失敗告終。

「攬炒」與「國際線」的幻想

反中動亂中一直存在一套令人關注的論述，名為「攬炒」。攬炒論緊扣動亂過程中出現的激烈及極端行為，如以縱火、破壞公物等暴力手段，及以癱瘓交通為主的抗爭方式，並認為此等方式比過去的「和理非」更「有效」。

在運動初期，攬炒一詞因為網上討論平台網民「我要攬炒」而廣為流傳。其後，攬炒逐漸由運動的口號，發展成為重要論述，並引起了不少討論及回應。一般而言，攬炒被認為是玉石俱焚的近意詞，但根據網民「我要攬炒」的說法，是次運動中的攬炒並非玉石俱焚，因為玉石俱焚是只破不立，而攬炒有先破後立的意涵。但這種所謂先破而後立的後立，其實是一種空想主義的產品，完全缺乏現實基礎。不過，這種說法將攬炒建構成為運動的策略之一，不只是口號，更有目標、計劃、手段。正如先前所

述，「攬炒35+」的戴耀廷撰文〈真攬炒十步〉，認為能夠逼使中央出手鎮壓，而導致西方國家對中國實施制裁，導致他「不能預見」的大震撼！事實證明中央出台《香港國安法》，西方的所謂制裁完全沒有甚麼震撼可言！

除了攬炒理論的建構者外，市民對於攬炒的認知及觀感，亦是這次動亂發展及激烈程度升級的關鍵。一般而言，作為一個經濟、社會發展處於高水平的城市，香港的市民普遍受惠於發展的好處。香港同時受着貧富差距、社會流動性下降、經濟結構單一等問題的困擾，令部分市民不滿現狀。以往香港社會以物質主義為先，近年後物質主義（postmaterialism）心態開始抬頭，皆為攬炒理論提供了傳播的條件。

攬炒演變成暴動肆虐的「一切人對一切人戰爭」的「自然狀態」，中央政府不再投鼠忌器，出台《香港國安法》，最終結束這一動亂。結果，提出攬炒的人有被補，也有流亡海外，足見其空想主義的荒誕性。

與攬炒一詞緊扣的是「國際線」的理論。「國際線」是指香港的抗爭並非限於本土，而可以尋求國際支援，尤其制裁中國，令中國政府付上代價，甚至讓步，使香港的抗爭得以成功。

這套理論在動亂的後期尤其盛行，以暴動者要求美國通過《2019年香港人權與民主法案》（*Hong Kong Human Rights and Democracy Act of 2019*）為高峰。在此前，國際媒體（其實是西方媒體）的高調重視、外國政府（其實是西方國家）的介入表態，都令暴動者認為「國際」支持重要而有效，並對「國際線」予以期望，故此在運動期間經常發起「白宮聯署」（We the People）的活動，以為「國際線」做勢。

然而，這套理論的最大問題在於對國際現實政治的叢林本質

缺乏認識。國際關係中，各國最重視仍是自身利益。在動亂期間，西方國家表現出來的支持主要有兩種。一是在意識形態層面，西方國家以「自由」、「民主」等價值觀立國，故必須在口頭上支持同是高舉這些價值旗幟的政治運動，以免引致國內民眾的不滿。二是借助香港內部動亂的機會，對中國施壓，甚至塑造有利顏色革命的條件。

為何論斷外國並不是以「政治價值理念」作為國家行為的標準？香港動亂期間，正好發生了美國內部的「黑人性命攸關」（Black Lives Matter）運動，而美國政府鎮壓當中動亂的手法，力度之強不下於特區政府。美國若以特區政府對待動亂手法不合乎公義，施以制裁，予以懲戒，這在道理上就說不過去；足證美國並非基於道義介入香港事務，而是從實際的國家利益考慮。

在國際現實主義下，香港的動亂並非美國制裁中國的原因，而只是藉口。美國持雙重標準，令到香港暴動者的理論變得尷尬。但動亂主導者不但不面對其「國際線」的理論缺陷；反而當有人提出要聲援美國的黑人性命攸關運動時，卻引來其他示威者的質疑以至抨擊，認為不應介入美國的本地事務，這種論調與其自身「國際線」的理論自相矛盾，可見暴動者及反對派脫離現實的荒誕之處。[6]

如何荒誕？反中動亂中的荒誕情節

反中動亂的荒誕觀念導致了一幕幕活現眼前的荒誕情節。荒

---

6. "How the Killing of George Floyd Exposed Hong Kong Activists' Uneasy Relationship with Donald Trump," *The Guardian*, 14 June 2020.

誕觀念透過虛擬廣場的網絡散播，迷惑、煽動群眾，令荒誕情節連續不斷，花樣翻新。由於「廣場」無處不在，只要是不自覺地使用網絡，就進入了「廣場」而受到蠱惑。所以，這些荒誕情節是跨階層、跨社群、跨職業的，只要墮入上述荒誕觀念的陷阱，抽空歷史，脫離現實，迷信偏見，不管是青年學子、專業人士或者家庭主婦，都難以倖免。

荒誕絕倫的謠言

究其原因，在於「自然狀態」，利維坦公權力缺位，後果是人們會相信荒謬絕倫的謠言，完全失去法治社會應具備的基本理智。當然這些謠言製造者亦處於「一切人對一切人戰爭」的狀態，虛構或將零碎的事例無限誇大，以欺詐作為手段打擊他們心目中的敵人，即特區政府及代表公權力的警察。暴動肆虐期間，亦即在霍布斯所描繪的「自然狀態」之下，眾多荒謬絕倫的謠言橫行，例如「爆眼少女」、「新屋嶺性侵」、「太子站 8·31 死人」（詳情見下文），目的是以欺詐塑造復仇情緒，以推翻「暴政」；對處於「自然狀態」的人們，沒有甚麼法律及道德約束。

尖沙咀「爆眼少女」

2019 年 8 月 11 日晚，示威者包圍尖沙咀警署，期間一名少女右眼被不明物體擊中受傷。在事件剛發生後，就有一連串相關信息：有關少女送院時聲稱被防暴警察發射布袋彈所傷，社交媒體上亦圖文並茂，眼罩內有個疑似布袋彈的圖片在網上廣傳；亦有人自稱是「爆眼少女」的妹妹，於網上發文詳述姊姊「傷勢嚴

重」。[7] 香港眾志創黨主席羅冠聰亦分享了一則自稱是傷者胞妹的貼文，文中表示，「我家姐右眼全紫，腫到雞蛋那麼大，右眼眼頭至眼袋有很長的傷口，根據醫生所述，傷勢嚴重，中彈附近鼻骨、眉骨都碎了」，須做緊急手術挽回，但碎骨太多，「毀容就一定」；[8] 有傳媒甚至以「恐永久失明」的字眼報道。[9]

事件觸發一連串的示威。8月12日，網民發起於機場一連三日集會，要求「黑警還眼」，近萬人響應，癱瘓機場運作；[10] 集會期間又發生毆打及禁錮內地遊客與記者事件。[11] 網民又連續發起多次示威活動堵塞交通、毀壞公物。事件不斷升溫，甚至引起了國際關注。

警方難以確定「爆眼少女」是否布袋彈所傷，表示一切待詳細調查。[12] 然而，警方一直未能聯絡到該名少女；其後警方向法庭申請手令，向醫院管理局索取醫療報告，以判定傷勢是否由布

7. 〈中彈女示威者眉骨鼻骨爆裂　胞妹控訴警8至10米近距離開槍〉，巴士的報，2019年8月12日。

8. 〈【反修例】示威現場女子爆眼　央視與港警說法不盡同〉，《香港經濟日報》，2019年8月12日。

9. 〈警拒認射爆眼　稱開始調查〉，《蘋果日報》，2019年8月14日。

10. 〈示威者蒙右眼抗議　牆上噴「以眼還眼」〉，《明報》，2019年8月13日，第A01版。

11. 〈「支持港警　你可打我」〉，《蘋果日報》，2019年8月15日，第A06版。

12. 〈【警方記者會】邀爆眼少女錄口供　李桂華：攞口供前唔拘捕〉，香港01，2019年8月13日。

袋彈所傷。當警方尋找真相，為這位少女「討回公道」時，她卻以侵犯私隱為由，申請司法覆核阻止。[13]

從反中動亂所要求的動力而言，少女是否真的被警方所傷並不重要；關鍵的是事件被渲染並為動亂火上加油。「爆眼少女」自從受傷之後就從未親自現身，僅曾經於民間記者會中以錄影片段發言，提及感謝香港人的聲援、醫護人員的照料，又批評行政長官林鄭月娥及警務處處長縱容警隊的暴力行為，並以「受害者」名義，譴責香港政府和警隊。[14] 雖然此女至今下落不明，其眼睛受傷原因仍未水落石出，但已成為修例風波期間一個重要標誌。11 月 23 日，美國《紐約時報》更以頭版刊出一名華裔少女以手掩右眼的相片，圖文並茂作出報道。[15]

事隔近兩年後，《東方日報》於 2021 年 5 月 24 日報道消息人士透露，「爆眼少女」於 2020 年 9 月 30 日現身香港國際機場，前赴台灣，該少女當日身穿白色上衣及淺色裙，精神飽滿。[16] 有關報道引起該少女傷勢的爭議，一方質疑暴動者當時借少女傷勢引發更大規模的動亂，另一方則反指 2020 年該少女傷勢看似無大礙，但其實受傷的右眼視力並無恢復，「只係靠整容、塊面

13. 〈警向醫管局索醫療報告　爆眼少女發律師信反對〉，《am730》，2019 年 9 月 9 日，第 A04 版。

14. 〈爆眼少女拍片譴責警隊政府　冀不再有人受傷被捕〉，《am730》，2019 年 8 月 30 日，第 A06 版。

15. *The New York Times*, 23 November 2019.

16. 〈獨家消息　去年 9 月機場直擊　黑暴屈警方槍傷　兩年後真相大白　爆眼女　無爆眼　笑住去台灣〉，《東方日報》，2021 年 5 月 24 日，第 A01 版。

補救到」。[17] 然而，少女傷勢是由何人何物所致這關鍵之點，不但仍未澄清，站在暴動者立場的一方還企圖轉移視線，即使在利維坦公權力已復位的情況下，轉換焦點，希望自圓其荒誕絕倫之說。

新屋嶺「性侵」

一名聲稱自己是受害人、化名「呂小姐」的女子，於 2019 年 8 月 23 日召開記者招待會，指控在新屋嶺拘留中心羈留期間，在被迫的情況下，全裸受到警方凌辱。[18] 事件引發反對派組織「平等機會婦女聯席」於 8 月 28 日發起「反送中 #MeToo」集會，[19] 最高峰時有過萬人聚集。

新屋嶺「性侵」事件被借勢成為抹黑警察的「證據」。9 月 4 日，時任立法會議員毛孟靜陪同一名化名為「龍小姐」的女子召開記者會，指在 8 月 31 日太子站事件（見下文）中被捕後，被警員辱罵及摸胸。[20] 及後陸續有蒙面人現身指控警方，包括 9 月 27 日新屋嶺被捕的「S 同學」等指控警方在新屋嶺內非禮，甚至強姦、輪姦及雞姦示威者。[21]

---

17. 〈爆眼少女已赴台 消息：視力並無恢復〉，眾新聞，2021 年 5 月 25 日。
18. 〈警剝光女被捕者 搜身凌辱〉，《蘋果日報》，2019 年 8 月 24 日，第 A04 版。
19. 平等機會婦女聯席：〈追究警察性暴力 捍衛香港人尊嚴〉，新聞稿，2019 年 8 月 28 日。
20. 〈女示威者遭男警「摸胸」 方仲賢被壓後頸〉，《都市日報》，2019 年 9 月 5 日，第 P08 版。
21. 〈5 萬人聲援新屋嶺被捕者 男被捕者：警迫手機解鎖 綁四肢笠頭套虐待〉，立場新聞，2019 年 9 月 27 日。

　　2019 年 10 月 10 日，香港中文大學校長段崇智與學生及校友舉行公開會面。女學生吳傲雪突然自揭她就是之前宣稱被性侵的「龍小姐」、「S 同學」。吳傲雪表示代表至少六名被捕學生，向段崇智提出一連串問題，當中包括：「你知不知道新屋嶺搜身室全黑？知不知道不只我一人遭受性暴力？其他被捕人士曾經遭受不只一名警員、不分性別，性侵及虐待。」[22] 當場段崇智就答應對方譴責警方暴力，其後以「香港中文大學校長」名義發表聲明。[23] 可見當時謠言充斥，連大學校長此等高級知識分子在陷入「自然狀態」後，亦不能做到「謠言止於智者」。警方當晚在臉書（Facebook）不點名回應指，有女學生公開指在新屋嶺扣留中心被性侵，警方非常重視上述嚴重指控。警方表示，將會主動聯絡事主，希望她提供實質證據，讓警方作出調查。[24]

　　時隔不及一日，10 月 11 日，吳傲雪在接受商業電台節目《在晴朗的一天出發》訪問時，則改口表示自己並非在新屋嶺扣留中心被性侵，而是在 9 月 1 日於葵涌警署遭受性暴力，但表示「據她了解」，有被捕者講過曾被警察輪姦及雞姦。[25] 警方表示投訴警察課已於 10 月 11 日上午啟動調查，並嘗試聯絡事主，希望事主提供實質證據，讓警方盡快找出真相，惟警方一直未能聯絡上

22. 〈中大女生指被捕後遭性暴力　除口罩要求校長譴責警方　段崇智：譴責所有暴力〉，立場新聞，2019 年 10 月 10 日。

23. 〈段崇智聲明全文：部分警涉不當使用暴力　經查證後須譴責　促警查吳同學個案〉，立場新聞，2019 年 10 月 18 日。

24. 〈警方：非常重視女學生被警員性侵指控〉，Now 新聞，2019 年 10 月 11 日。

25. 〈【逃犯修例】中大女學生公開稱遭警拍胸經歷後　被內地電話滋擾〉，香港 01，2019 年 10 月 11 日。

2019 年 9 月 7 日，謠傳 8 月 31 日有示威者被殺，太子站變靈堂（文匯報攝）

事主。[26] 10 月 18 日，吳傲雪表示不信任警察及獨立監察警方處
理投訴委員會（下稱監警會），因此拒絕與兩者合作，認為現行
制度無用，原因包括現行機制是「自己人查自己人」，及過往投
訴成立率低等。[27]

　　與此同時，建築工人潘榕偉（36 歲）涉嫌以網名「金正恩」
之名，在臉書群組上，發放多篇有關示威者在新屋嶺扣留中心情
況的帖文，指警方曾打死被拘留人士，並煽動他人包圍新屋嶺扣

26. 〈投訴警察課啟動調查中大女學生稱被警員性侵〉，Now 新聞，2019
　　年 10 月 11 日。
27. 〈【逃犯條例】中大女生吳傲雪投訴警暴　稱收恐嚇輪姦訊息〉，香
　　港 01，2019 年 10 月 18 日。

留中心。後來，警方調查後拘捕潘榕偉，並控告他於 2019 年 9 月 19 至 21 日期間煽惑他人於新屋嶺扣留中心外非法集結。[28] 案件於 2020 年 7 月 27 日在西九龍法院開審。控方提供的證供包括潘榕偉發放女示威者在新屋嶺被侵犯，及男示威者被虐打等四段帖文，其中一個帖文提到：「我也不想 FC（fact check 查究事實），香港新屋嶺中黑警聲稱女示威者有嚴重自殘行為，要求為女示威者注射鎮靜劑藥物，然後對她們進行性侵、強姦、輪姦等。」最後提到：「全民包圍新屋嶺，救出義士才是重中之重，人命沒了就是沒了。」[29]

據庭上播放的錄影會面片段，被告在第一次錄影會面中稱當時閱讀有關「反送中」的新聞，得悉示威者被捕後流血、受傷及骨折，感到「好嬲」，「覺得以前香港唔係咁」。被告又看到新聞報道多宗不明來歷的自殺、海面浮屍個案；有新聞指示威者在新屋嶺扣留中心遭毆打，所以藉機發帖稱有人在該處遭性侵，希望更多人關注新屋嶺發生的事。被告的帖文中有引述「黑警的舊同學」消息，但他在警方偵訊中承認沒有任何舊同學任職警察，也不認識任何駐守新屋嶺的警員，「係我虛構出來的，想多啲人認同。」被告表示「仇恨新屋嶺呢個地方」，於是期望號召到幾十人出來「滋擾呢個地方」，逼使警方停用這個扣留中心。[30]

---

28. 〈地盤工涉煽圍新屋嶺　被禁發煽暴訊息〉，《文匯報》，2019 年 10 月 18 日，第 A06 版。

29. 〈建築工涉網上煽惑包圍新屋嶺　控方指帖文指有女示威者被捉去強姦〉，香港 01，2020 年 7 月 27 日。

30. 〈地盤工盼幾十人新屋嶺外唱《願榮光》　稱無實行計劃、講完就算〉，獨立媒體，2020 年 7 月 28 日。

在另一次警方錄影會面中，被告稱自己都不相信新屋嶺有人被打死，因為現今錄影鏡頭無處不在，若屍體被棄置會調查到。警察問被告是否明知消息是假亦照貼文，他解釋發布不實言論是「因為想呃 like [讚好]」、「純粹發洩」、「吹水」，「甚至打完（文章），第二日都唔記得自己有打過。」至於號召包圍新屋嶺，被告多番表示沒有實質計劃，「講完就算，無諗過咁複雜」、「無諗過後果會咁嚴重」。[31] 可見在霍布斯描繪的「自然狀態」下，人們會突破任何文明社會的道德底線，以欺詐手段打擊代表公權力的執法機構及人員。

太子地鐵站「8‧31死人」

2019 年 8 月 31 日，太子地鐵站內發生嚴重警民衝突事件。暴動者到處破壞地鐵站設施後乘搭地鐵離開，警方大隊人馬進入太子站內執法，期間拘捕多人。

由於當時衝突場面混亂，網上隨即傳出警察在站內打死人，有關遺體放在廣華醫院殮房。醫院管理局和廣華醫院在 9 月 2 日澄清沒有死亡個案涉及 8 月 31 日的公眾集會事件，而警方在同日記者會上提到網上流傳的說法並非事實。[32] 在香港這樣開放的社會，居然在沒有死人，亦沒有人報失親友的情況下，太子地鐵站「死人」的假消息仍不斷被渲染，甚至荒誕到宣稱警方毀屍滅跡！還有人不斷指摘地鐵公司不公開閉路電視（CCTV）畫面是為了要隱瞞事實。有網民繪影繪聲地指在太子地鐵站內聽到鬼哭

---

31. 同上。

32. 〈CCTV 片證 8‧31 七傷者荔枝角送院　被捕者目擊者擬循法律程序索太子站片段〉，《明報》，2019 年 9 月 7 日，第 A01 版。

聲，甚至有人說看到亡靈在流連。網民隨即發起到太子地鐵站外獻花悼念「死難者」，之後每月 31 日或每月最後一天，都有集會遊行，甚至有人在站外上香及獻花，極盡荒誕絕倫之能事。

2019 年 11 月 30 日，傳真社發布了一篇報道，當中採訪了 47 名被捕人士，並綜合他們的親身經歷，嘗試重組當晚站內情況。有六名被訪者是網上廣泛流傳的「懷疑遇害」人士，記者成功與此六人取得聯絡。透過其口供紙、被捕人士通知書等文件核實身分，以及其他被捕人士描述的情況，證實他們離開太子地鐵站被送往醫院或警署時均神智清醒。[33] 縱使如此，但反中動亂者仍「堅信」太子地鐵站當晚有死人，仍然繼續每月一次的例行「悼念活動」。[34] 對這些人而言，是否「死人」已經不重要，而是當時暴動者及其支持者已陷入霍布斯所描繪的「自然狀態」，任何理性的想法或澄清都變得不重要，重要的莫過於相信敵人是不公義、不道德的化身；不然的話，又如何證明自己代表公義，是挑戰專制獨裁政權的義士呢？

投入虛構世界

反中動亂愈趨脫離現實，甚至以虛擬網上電子遊戲，吸引更多人加入「自然狀態」的戰爭行列。當中最顯眼的例子，就是反中動亂中出現了一套名為「香城 Online」的「遊戲」。

---

33. 〈【太子831】訪問6名網傳「遇害」人士　全部清醒帶返警署或送院〉，傳真社，2019 年 11 月 30 日。

34. 〈警包圍太子站　控悼 8.31 者拋垃圾〉，《蘋果日報》，2020 年 12 月 1 日。

　　「香城 Online」表面上是一款以影射香港的虛構城市「香城」為地圖的「網遊」，基本玩法是「跟隨隊伍在不反對時間內遊行，再自由活動去爬山，沿途有不同怪獸需要打，守衛我城。」實際上是教反中動亂者如何喬扮偽裝、暴力襲警、打砸搶燒，然後逃之夭夭。[35]

　　這套遊戲，其實是反中分子將暴動「遊戲化」的欺詐手法。一方面藉此規避法律風險，另一方面以「遊戲」作為包裝，讓青少年更能投入其中。這與青年熟悉的「角色扮演」遊戲相近：點入「香城 Online」的頁面，就會看到各種各樣暴動者所需的物品，遊戲設計者還分門別類地整理好頭盔、眼罩、口罩、四肢防護、手套、盾、輸出篇、工具篇、裝備概覽圖。每個類別裏都有十幾項詳細的產品介紹，最後一頁的裝備概覽圖，則用圖像化的方式，把一名黑衣人應該如何穿着、要準備甚麼東西一目了然地全部列出。這套遊戲實際上就是一部「暴徒實用手冊」。

　　「香城 Online」依照「任務危險性」把「玩家」（即是暴動者）分成五個等級：等級一「行完就走」；等級二「後排和和理非 / 發夢新手」；等級三「發夢經驗者」；等級四「中上玩家」；等級五「戰士玩家」。每個等級下有不同的「主線任務」，還有相應的職業，包括戰士、長槍手、遠程攻擊手、建築工人、道具師、哨兵、通訊兵、醫療兵、高速運輸兵、普通運輸兵和補給兵等等，以遊戲中的「職業」來分配每個暴動者負責採取的行動。

　　除了任務與裝備，遊戲中自然也會有「怪物」等種種障礙，阻止「玩家」完成目標。「香城 Online」裏列出的敵方怪物有影

---

35. 吳知山：〈一份帶着血腥的「遊戲指南」〉，大公網，2019 年 10 月 31 日。

射警察之意，包括哥布林驚犬（警察）、快龍（速龍小隊）、水箭龜（鎮暴水車）和閃光超音鼠（應指對示威者攝錄影取證的警員）。此外，遊戲中亦根據經驗，為「玩家」提供了相應的應對提醒。反中暴動者的動員行動，則是「香城 Online」中的「副本」（遊戲用語，指重要特定任務）。2019 年的「7‧21」、「7‧28」兩次大型衝突都被遊戲設計者引為案例，做了「主要戰役分析」，用不同顏色的箭頭在香港地圖上標註了「戰役」的形勢，包括「怪物」的集結點和行進路線、「玩家」的路線和「大戰」地點、警方釋放煙霧彈的區域，以及「玩家」的補給路線。

更荒誕的是，遊戲的主頁掛着一個「愛國聲明」，寫道「請各位網民保持理智，分清虛擬與現實，切勿沉迷。網頁只供遊戲用途，並不誘使或鼓吹任何行動，更不建議任何人士於現實中使用暴力或犯罪。若使用本頁資訊導致任何[法律]問題，本頁及相關人士恕不負責。」以作為現實中的免責聲明。在「連登」上也有類近聲明指：「近日好多反送中暴徒破壞香港……，此 Online Game 與黃屍的暴力行為沒有任何關係！犯法的事我們不做！我們有怒氣就一起打遊戲發泄啦！」「支持香港政府！擁護一國兩制！支持香港警察！反對暴力！有怒氣要玩電子遊戲發泄！！」

言行不一

言行不一是荒誕劇的經典表現，在霍布斯描繪的「自然狀態」中，沒有一致的道德標準；一切言行的標準都可以隨意扭曲，文明社會的法律及道德變得毫無意思。暴動者的言行不一，最明顯的莫過於其口中所說的是要爭取民主、自由，但其行為所呈現

2019 年 8 月 24 日，觀塘區舉行「燃點香港・全民覺醒」遊行，其後演變成示威者堵路，有人以電鋸鋸斷常悅道的智慧燈柱（文匯報攝）

2019 年 9 月 29 日，「又一城罷買日」示威，部分商店被搗亂，有人在美心集團旗下餐廳 EXP、千両及 simplylife 取號碼紙，造成紙條（文匯報攝）

的卻是反自由、反民主——自由民主最重要前提是尊重每個人的基本權利，有公平競爭機會，而非以暴力打壓異己。

暴動者在動亂中主要表現於衝擊及破壞立法會、對意見不合者進行網絡欺凌、毆打不同意見者、破壞公物及商舖等。根據香港警務處的數據，2019年下半年的治安情況出現急劇惡化：原本2019年上半年的整體罪案數字較2018年同期下跌4.7%，甚至是自1977年有半年統計以來的最低；惟2019年下半年的數字，不只抵銷了上半年的跌幅，更令整年的整體罪案數字呈現9.2%的升幅。當中，「妨礙公安罪行」上升36倍、「縱火」上升2.2倍、「刑事毀壞」上升54.1%、「藏有非法工具」上升10.6倍、「藏有攻擊性武器」上升91.5%、「襲警」上升2.6倍，以及「拒捕」上升63.1%。這些案件當中74%發生於下半年，其數字上升與反修例相關的示威有直接關係。[36]

警務處的資料特別提到有部分暴徒因政見的不同，針對不符合其政見的店舖加以破壞和對持反對意見者施襲：

> 由去[2019]年十月至今[2020]年2月20日，警方接到1,200宗報案，涉及超過1,000個地點被破壞，當中有部份地點更被多次破壞。有市民因政見不同而被暴徒施襲的情況亦屢見不鮮，其中兩宗案件暴徒的暴行更令人髮指，包括去年十一月十一日，馬鞍山一名男子被黑衣蒙面暴徒淋潑易燃液體後

---

36. 香港特別行政區政府：〈2019年香港整體治安情況〉，新聞公報，2020年3月2日。

點火，男子全身四成皮膚被燒傷；以及去年十一月十三日，上水有一名 70 歲清潔工被暴徒用磚頭擊中頭部不治身亡。[37]

2019 年 10 月 6 日的「反極權反緊急法大遊行」期間，一名的士司機於深水埗駕駛的士撞向人群並衝上人行道，撞傷三名女子。該名司機否認故意衝向人群，稱自己因有慶祝十一國慶遊行的紀錄，在經過示威者遊行的道路時被暴動者發覺並闖入車廂，搶奪其駕駛盤而導致車輛失控。事發後司機被圍毆，頭頂縫四針，胸骨折斷四條，出院後他的個人信息被洩露。更荒誕的是，時任立法會議員的民主黨黨員許智峯對其作出私人檢控，使「原告變被告」。該司機表示，對於被無理檢控感到莫名其妙，承受沉重的心理負擔。[38]

這些行為當然不能為香港帶來更大程度的民主與自由，反而令社會滿布不安與仇恨，更難以建立穩健的民主制度。這種言行不一的情況，反映暴動者行為背後的衝動，使其行為脫離他們宣稱所追求的自由民主價值，流於發洩式的荒誕。

陳腔濫調

陳腔濫調是荒誕劇的特色，在反中動亂之中常見。暴動中充滿各種口號，如「五大訴求・缺一不可」、「香港人 XX」（如「加油」、「抗爭」、「報仇」）；但都只是流於口號，欠缺內涵。如「五大訴求・缺一不可」在暴動過程中有不同版本出現，致使

37. 同上。

38. 〈血人慘變血饅：「許智峯消費我」 的哥捱完私刑又遭私控只盼港區國安法除暴安良〉，《文匯報》，2020 年 6 月 10 日，第 A06 版。

其參與者被問及何謂「五大訴求」時，亦難以有一致的口徑，去到後期甚至不能完整說出「五大訴求」的內容。此外，暴動者一面提出訴求，但其行為亦沒有尋求與政府談判，流於宣洩；後來政府撤回條例，但這幫人仍然繼續其「五大訴求」，所謂「五大訴求‧缺一不可」，就成為不斷延續、永無止境的陳腔濫調。

若論反中動亂的標誌性口號，不得不提「光復香港，時代革命」。此話源自主張港獨的本土民主前線梁天琦，是他參選2016年立法會補選時的競選口號。[39]「光復」一詞意指回復本來的面貌，可追溯至辛亥革命時之「光復會」，意指「驅除韃虜，恢復中華」，是光復漢族的統治地位；解放戰爭後，國民黨蔣介石政府遷台後還力求「光復大陸」，所指則為反攻大陸，恢復國民黨政權。「光復」二字後來被運用在香港的本土運動，如2012年的「光復上水」。本土民主前線成立初期最廣為人知的活動，是在2015年反對香港境內「水貨客」，並在新界屯門、元朗、上水等地區發起「光復行動」，但此處的「光復」竟是指驅散內地水貨客，回復地區為本地人消費的場所。本土民主前線其後在選舉中使用「光復」一詞作為口號，確立其本土抗爭、反對內地人，尤其是「自由行」遊客及「水貨客」的定位，這種意義的「光復」在2019年時更成為反中動亂的標誌性口號。

口號後半部分的「時代革命」則是由原本的「世代革新」改進而成，並以「革命」一詞呼應本土民主前線的政治理念與組織定位。在2016年的立法會選舉，屬於港獨自決派的「青年新政」也以「光復香港、時代革命」作為競選口號，派出梁頌恆、游蕙

---

39. 〈本土派站台黃台仰未現身〉，《明報》，2016年2月21日，第A04版。

禎等三人參選。[40] 由此可見，這句口號本身是個本土派政團的競選口號，但 2019 年 7 月開始，一些示威者開始借用此口號，並於網絡及暴動現場蔓延，成為暴動期間的重要口號。一場暴動的口號借用另一個背景下使用的政治口號不一定有問題，但反中暴動者口講「時代革命」，但「革命不是請客吃飯」，要為理想「犧牲」。但他們有這種心理準備嗎？後來有支持暴動者用此口號參加區議會選舉，被選舉主任問及此口號的意義時，為免被取消資格，指「革命」一詞不應解讀為「一種流血並推翻政權的行動」，而是結構和思潮上的大變革，就如「工業革命」、「技術革命」等。[41] 這種俗稱「戴頭盔」的自保行為，與真正革命「犧牲」的意志，大相逕庭，荒誕之極。

有意思的是，當「光復香港，時代革命」成為反中暴動的口號後，其意義又與暴動的荒誕性質結合。「光復香港、時代革命」作為反中動亂口號的現象展現了暴動者的政治想像。「光復」本身有從敵人手中奪回固有領土的意思，由於口號由提倡香港脫離中國獨立的本土民主前線提出，加上修例風波的背景，此口號的意思為香港人要向中國奪回香港。港獨分子要心所歸屬這個「光復」的香港，說明這個「香港」是和中國敵對的，如此而塑造明確的敵我意識，清晰地勾劃出「他者」（中國及其政權）和「我者」（「香港民族」和要求獨立的香港人），表明港獨分子希望表達和中國分庭抗禮。他們所想像出來的「香港民族」與

---

40. 〈本土派自信受惠高投票率〉，《信報財經新聞》，2016 年 9 月 5 日，第 A02 版。

41. 〈聲稱唔撐「港獨」 各自嘴炮「革命」〉，《文匯報》，2019 年 10 月 16 日，第 A08 版。

中華民族是有明確分別的，香港人和中國人是互相排斥的。這種心態完全脫離客觀現實，正如前述香港不是西班牙的南美洲殖民地，「獨立」根本沒有成事的機會。這場暴動以「光復香港」為目標，但當人人在喊此四字時，卻正正反映了他們的行為只是陳腔濫調，沒有實際意義。

「時代革命」這口號充滿了浪漫色彩，尤其對積極參與暴動的核心分子來說，這更是一場屬於他們時代的革命。然而，這場以「時代」為名的革命，在現實上卻正正是脫離了「時代」背景。這種情況造成在反中動亂荒誕劇中的演員都說着「時代」的台詞，但卻不去了解「時代」的真實情況。去到最後，參與暴動的人都喊「光復香港，時代革命」，卻沒有人可以說出這句話的實質意義，也沒有人有太大興趣關心其意義。這八個字成為整場荒誕劇中最常用，但卻最缺乏現實意義的陳腔濫調。

無意義行為

脫離現實、充斥虛無的觀念，導致了一系列無意義的行為，展現暴動中最常見的荒誕情境。例如經常發生的「和你 X」（如和你 Lunch、和你唱）行動、「白宮聯署」在暴動之中持續發生，但當中的意義及功能不顯著。「和你 X」原先作為一種政治表態，其意義尚可理解，但去到後期，每次「和你 X」都會引發警民衝突，其後果大多以參與者被捕或受傷告終，對於要爭取之事，則毫無寸進，甚至出現「送頭」（無意義的犧牲被捕）的說法。至於「白宮聯署」更是一種自欺欺人的行為。反中動亂置於中美競爭的大環境中，美國只將香港視為一棋子，香港之亂只是美國抗

衡中國的「香港牌」，美國政府的反應，只是出於其自身的國家利益，而非有利香港。看來，這種持續不斷的聯署行為，只是讓參與者感到美國「支持」他們，但不具任何實質意義。反而是美國以「支持香港」為名，推出《2019年香港人權與民主法案》，結果促使中央政府以《香港國安法》反制，直接撲滅反中動亂的力量。

　　無意義行為的經典案例是幾許「宣布獨立」事件。2019年10月4日，一群港獨暴動者聚集在荃灣、沙田、將軍澳、銅鑼灣等區各大商場發起大規模集會，集體宣讀先前草擬好的《香港臨時政府宣言》。這份《宣言》指，香港特區政府受到中國及中國共產黨的控制，而不理會香港絕大多數人民的訴求意願，壓制人民集會的權利，剝奪人民的自由，認為特區政府已經失去人民的認可而喪失合法性；在最後，《宣言》還以「香港臨時政府」的名義，宣布七項訴求，包括落實全民提名及普選政府之體制及政府首長，以及解散立法會、選舉臨時立法會，70席全部按五區地區選出等。[42] 除了港獨宣言，他們還起草了《香港臨時政府約法十條》。《宣言》凸顯了反中動亂的「反中」元素，並以草擬的《宣言》、《臨時政府約法》展現了當中的虛無與荒誕。這群暴動者只有衝動的本能，政治觀及行動完全脫離現實，所謂《宣言》最後當然不了了之，但卻為反中動亂荒誕劇留下可笑的注腳。

---

42. 〈數百人商場同讀《香港臨時政府宣言》 葛珮帆：不智又無意義〉，香港01，2019年10月6日。

荒誕劇落幕？

2019年的利維坦公權力缺位雖然只是短暫的，卻足以讓一場震撼全球的荒誕劇得以上演。然而，以抽空歷史、脫離現實、迷信偏見為基礎，充斥着反智謠言、陳腔濫調、言行不一的反中動亂，從一開始就注定是一齣荒誕劇。隨着新冠肺炎疫情的爆發，以及《香港國安法》的實施，一方面利維坦公權力復位，強力撕破這齣荒誕劇的劇本，另一方面「虛擬廣場」的效力亦在《香港國安法》下大為減弱，煽動家落荒而逃，群眾的暴民政治潰散不堪。反中動亂的荒誕劇於是落幕。

這齣劇表面以「運動」為名，實質是由一股嚴重破壞社會及政治秩序的力量推動，使香港陷入歷時近一年的動亂，並與國家14億人民對敵，成為台獨、疆獨、藏獨之後，分裂國家的政治力量。在此劇上演的前大半年間，香港的社會及政治秩序均遭嚴重破壞。現今，雖然利維坦公權力已經復位，但如何彌補嚴重的社會及政治撕裂，仍是問題，因為經此一役，政治凌駕一切，浮士德的幽靈尚未被完全超渡。雖然荒誕劇經已終結，但要收拾殘局仍然是一個艱巨的任務。

第八章：

修例風波如何演變成反中動亂

　　2005 年吉爾吉斯斯坦總統阿卡耶夫（Askar Akayev）在該國被稱為鬱金香革命中被趕下台，他事後總結：「我的教訓是沒有把強力部門建設好。」[1] 他說的是在緊急關頭時，決定不在全國實施緊急狀態，並下令在任何情況下不准使用武器。當過激行為達到頂峰時，首都的防暴警員束手無策，只能撤退，導致總統府和政府大廈被攻佔，阿卡耶夫只好落荒而逃。

　　用本書的術語，利維坦公權力缺位、「一切人對一切人戰爭」的動亂隨即出現。這種動亂最早出現於東歐獨聯體成員國格魯吉亞（2003）、烏克蘭（2004）、吉爾吉斯斯坦（2005）。這些透過街頭運動或廣場集會等非暴力手段，鼓動群眾推翻政權的政治運動通稱為顏色革命。2010 年後的阿拉伯之春也同屬顏色革命。這些街頭或廣場政治，有一個最為關鍵的界定，就是推翻原來政權後建立親美政權。至於 1986 年的菲律賓大選，反對派阿基諾夫人（Corazon Aquino）不滿馬科斯（Ferdinand Marcos）總統選

1.　劉明主編：《街頭政治與「顏色革命」》（北京：中國傳媒大學出版社，2006），頁 19。

舉舞弊，發動民眾上街，上百萬人穿上黃色上衣，揮動黃色旗號，最終推翻獨裁馬科斯政權，則不屬於顏色革命，因為原來的馬科斯也是親美政權。

顏色革命若能成功，需要有一定的社會基礎。波蘭政治學者皮斯科爾斯基（Mateusz Piskorski）接受俄羅斯 RT 電視台訪問時表示，沒有任何一個顏色革命是缺乏社會基礎的。烏克蘭、吉爾吉斯斯坦及格魯吉亞等國雖然脫離蘇聯獨立，但制度依舊，人民仍然貧窮，官員依舊貪腐，民眾充滿怨憤。皮斯科爾斯基亦提出，控制大眾傳媒並製造反政府的「情緒工程」（emotional engineering）在顏色革命中非常重要。[2] 對於這一點，2005 年 7 月在中國傳媒大學召開的「大眾傳媒與顏色革命」研討會上，與會者也同意，他們達成的共識是「在某種特定條件下，誰掌握傳媒，誰就得天下。」[3]

上一章剖析反中動亂的荒誕之處，本章針對顏色革命，以敘事方式詳述香港 2019 年的修例風波如何演變成反中動亂。

港版顏色革命的官方定性

2019 年 8 月 7 日，港澳辦和中聯辦在深圳舉辦香港局勢座談會，時任國務院港澳辦主任張曉明在開場發言中表示修例事件已變質，示威者喊出「光復香港、時代革命」口號、衝擊中聯

---

2. RT, "US 'World Leader' in Color Revolution Engineering," 25 April 2012.
3. 劉明主編：《街頭政治與「顏色革命」》，頁 2。

辦，這都是嚴重挑戰「一國兩制」的底線，帶有明顯的顏色革命特徵。[4]

9 月 3 日，港澳辦新聞發言人楊光在記者會上稱，香港人爭取撤回修例的要求已完全變質，認為示威目的只在於奪取特區管治權，把香港變成獨立或半獨立的政治實體。[5]

10 月 4 日，港澳辦新聞發言人楊光再表示，修例事件已完全變質，在外部勢力干預下演變成港版顏色革命。[6]

不少人容易將修例風波和反中動亂混為一談，這是可理解的，畢竟修例風波展示出反共拒中意識，包括對中國內地的司法系統以至對整個中國政府強烈不信任，生怕修例後中央能隨意把香港人引渡回內地，將市民「送中」。「送中」一詞，「中」指中國，這名詞實含有大香港心態及意識。無論在地理、法理及歷史上，香港只是中國的一部分，應以內地或大陸稱之才算合適。「送中」與「拒中」因而容易轉化為港獨的詞彙，而修例風波轉變成反中動亂，實與此大香港意識背後隱藏的社會心理有關。這種反共拒中意識是香港社會經過長時間的歷史發展凝固而成的，假如沒有這種意識，反對派是不可能捏造及誇大事件，將之炒作得如此成功。

4.　〈【逃犯條例】張曉明：有顏色革命特徵　王志民：香港命運生死戰〉，香港 01，2019 年 8 月 7 日。

5.　〈港澳辦斥反修例變質　圖奪管治權〉，《信報財經新聞》，2019 年 9 月 4 日，第 A14 版。

6.　〈港澳辦：支持制訂禁止蒙面法　斥「港版顏色革命」已威脅公共安全〉，巴士的報，2019 年 10 月 4 日。

2019 年 9 月 15 日，「9·15 港島行街」示威，有人扯下及焚燒和記大廈外牆掛起的慶祝中華人民共和國成立七十周年橫額（文匯報攝）

2020 年 6 月 6 日，17 區區議會及反對派離島區議員舉行「特別區議會大會」，成立香港公民議政平台（大公報攝）

　　若輕易將修例風波和反中動亂劃上等號，忽略了當中的轉化過程，便會模糊了不同角色的行為及互動，不利於分析其成因。

修例風波的起因

　　修例風波起源於 2018 年的陳同佳案。2018 年，香港男子陳同佳與女友潘曉穎到台灣旅遊，期間二人發生爭執，潘曉穎被陳同佳殺害及棄屍，其後陳同佳潛逃返港。

　　潘曉穎父母因女兒音訊全無向警方報案，經香港警方調查後，發現陳同佳獨自從台灣出境，並持有潘曉穎的提款卡，返港後多次用以提款，故以涉嫌盜竊罪拘捕陳同佳。在盤問過程中，陳同佳承認殺害潘曉穎並棄屍。

　　由於港、台兩地之間並沒有司法互助安排或移交逃犯協議，港府無法以相關條款引渡疑犯陳同佳至台灣受審，律政司亦無法以謀殺罪或誤殺罪控告陳同佳，只以盜竊罪及洗黑錢罪檢控。

　　為了解決此司法漏洞，政府於 2019 年 2 月向立法會提交《逃犯條例》的修訂草案，建議未與香港簽訂長期司法互助安排的地方，可向行政長官提出「一次性個案」移交要求。

反對勢力的炒作

　　2017 年新任行政長官林鄭月娥上任後，採用「大和解」的路線，主動改善與泛民主派的關係，例如林鄭月娥與一眾高官出席民主黨 23 周年黨慶及籌款晚宴，並捐款三萬，力求社會對立氣氛相對緩和，使民望有所上升。以當時立法會的議席對比及社會輿論氛圍，反對勢力無法阻止修改立法會議事規則及通過「一地兩檢」，而屬於愛國陣營的陳凱欣亦成功在立法會九龍西補選

中擊敗反對派李卓人及馮檢基，反對勢力的力量相對減弱。直至港府提出修例，形勢才變得有利反對派。

2019 年 2 月至 3 月，政府為修例進行 20 日公開諮詢，反對勢力開始炒作修例議題。反對派議員及民間人權陣線（下稱民陣）遊行至中聯辦門外抗議；香港眾志於政府總部發起靜坐，要求撤回《逃犯條例》的修訂；民陣於 3 月 31 日發起第一次「反對修例」遊行，要求立即撤回修例。主辦方指有 12,000 人參與遊行，警方則表示最高峰時有 5,200 人。

4 月，修例草案於立法會首讀通過及展開二讀，社會反對聲音日益增加，反對派視為是炒作的好機會，於 4 月 28 日再次發起遊行，是次人數大幅上升，主辦方表示有 13 萬人參加，警方則表示高峰時有 22,800 人。民陣副召集人陳皓桓指出，「舉辦首次反修例遊行⋯⋯人數不算多，議題可能炒不熱，猶豫過是否繼續舉辦。但到 4 月 28 日第二次大遊行，我們見到 13 萬人參與⋯⋯，很多專業界別人士都走出來反對修例。那時開始，我們知道民氣回來了。」[7]

5 月，民陣多次於立法會外舉行集會，繼續炒作修例，指若通過修例香港人將「無好日子過」，高呼「反惡法」、「反送中」，呼籲市民參與 6 月舉辦的第三次「反對修例」遊行。另外，反對派議員就修例與建制派議員在會議室爆發衝突。

7.　〈【修例風波紀要・第一回】修逃例林鄭終輕敵　民主派挾怒潮總反攻〉，香港 01，2020 年 7 月 13 日。

修例風波轉化成反中動亂的過程

6月：運動性質轉變的關鍵階段

6月9日，民陣第三度舉辦「反對修例」遊行，主辦方報稱有 103 萬人參加，警方則公布高峰人數為 24 萬。值得一提，當日行政長官林鄭月娥出席了多場活動，包括早上到西貢橋咀島出席「重建橋咀碼頭」啟用典禮，中午到科學園出席香港科學院活動，傍晚到海洋公園與中聯辦副主任何靖出席新家園協會主辦的「四海一家」授旗禮，這與遊行的危機氛圍形成強烈對比，猶如平行時空，反映了行政長官缺乏政治判斷及危機意識。同日晚上，政府發新聞稿，表示修例草案將如期於 6 月 12 日在立法會恢復二讀，有示威者與警方在立法會外發生衝突。

6月12日，大批示威者衝出政府總部附近的夏愨道及龍和道，並向立法會進攻，以阻止立法會二讀草案。期間爆發警民衝突，有示威者向警方投擲磚頭及鐵枝，而警方則發射催淚彈、布袋彈及橡膠子彈，其後立法會主席梁君彥宣布暫停二讀會議，警方進行清場，示威者最終散去。林鄭月娥晚上發表電視講話，表示如果用激進、暴力的手段就可以達到目的，這些場面只會愈演愈烈，又三度形容事件為「暴動」。[8]

6月15日，林鄭月娥宣布暫緩修例。同日下午，一男子梁凌杰穿着背上寫有「林鄭殺港　黑警冷血」的黃色雨衣，爬出金鐘太古廣場外高逾 20 公尺的臨時工作平台，並在棚架掛上寫有「全面撤回送中，我們不是暴動，釋放學生傷者，林鄭下台，

---

8. 〈【逃犯條例】三指金鐘衝突為「暴動」 林鄭 6.12 晚電視講話全文〉，香港 01，2019 年 6 月 12 日。

Help Hong Kong」的橫額。晚上，梁凌杰突然爬出棚架墮下，其後證實不治。

6月16日，民陣再發起「反對修例」遊行，聲稱有「200萬零1人」參與，當中的「1人」指6月15日墮樓身亡的梁凌杰，這反映民陣提供的數字是隨政治需要而作，並不科學，警方則公布高峰時示威人數為33.8萬，兩者相差近六倍。遊行期間，示威者提出「五大訴求」，包括：撤回修例、追究警方開槍責任、不檢控及釋放示威者、撤銷暴動定性，以及行政長官林鄭月娥問責下台。[9]

6月24日，民陣宣布於6月26日舉辦集會，呼籲外國關注香港局勢。民陣召集人岑子傑表示：「我們要告訴全世界，我們香港人對民主、自由、人權、法制這些價值的堅持」，[10]並重申「五大訴求」。[11]

「情緒工程」

上文提到，波蘭政治學者皮斯科爾斯基指出，控制大眾傳媒並製造反政府的「情緒工程」，對於顏色革命有重要作用。在修例風波中，「情緒工程」的主要手法是訴諸恐懼、將示威者「英雄化」和「烈士化」，以及將政府和警隊「妖魔化」，以之挑動市民對政府及警隊的恐懼和仇恨，以及對示威者的同情。

---

9. 〈黑海遊行8小時 千人留守政總外 民陣列五大訴求 下一步視乎林鄭回應〉，《明報》，2019年6月17日，第A02版。

10. 〈「民陣」呼籲G-20峰會支持香港反《逃犯條例》抗爭〉，美國之音，2019年6月24日。

11. 〈認清民陣「五大訴求」的無理無恥和違法本質〉，《文匯報》，2019年6月25日，第A03版。

　　訴諸恐懼方面，反共勢力利用香港社會固有對中央政府及內地司法系統的不信任，以「反送中」為口號及製作大量宣傳品（例如「逃犯條例三部曲」短片），大肆宣傳修例後香港人將會隨時被內地當局送到內地受審和監禁，成功地挑動了市民對修例的抵觸情緒。

　　將示威者「英雄化」和「烈士化」的手法，梁凌杰個案可為其中典型。6 月 15 日，梁凌杰不幸墮樓去世後，反中勢力馬上發動輿論，將他奉為反政府的英雄和烈士。翌日的遊行，民陣故意宣布遊行人數為「200 萬零 1 人」，當中的「1 人」即梁凌杰。遊行當日，民主黨向市民派發黑絲帶及悼念用的白色鮮花，[12] 有人在所謂「連儂牆」掛起梁凌杰身穿黃衣在太古廣場天台位置危站抗議的照片，照片兩側寫有「憂民報國豪風垂萬代」及「取義成仁正氣照千秋」的對聯。[13]

　　6 月 17 日，在職工盟舉行的「打工仔反送中集會」上，主席吳敏兒宣讀悼詞，形容梁凌杰是位堅守信念、為捍衛民主自由而犧牲的「抗爭者」，稱他「是被政權推下來」。[14]

　　6 月 19 日，議員譚文豪在立法會會議上要求為梁凌杰默哀，主席梁君彥認為事件不符合議事規則而拒絕，但反對派議員抗議

---

12. 〈【逃犯條例】民主黨派發黑絲白鮮花　市民身穿黑衣手持鮮花悼念〉，香港 01，2019 年 6 月 16 日。

13. 〈【逃犯條例】連儂牆燭光悼念墮斃男　遊行人龍傳遞白花致意〉，香港 01，2019 年 6 月 16 日。

14. 〈【引渡惡法・三罷】300 人出席職工盟集會悼墮樓者　吳敏兒誓追究殺人政權〉，蘋果日報網，2019 年 6 月 17 日。

2019 年 7 月 1 日，「七一遊行」示威，有示威者塗鴉寫上「香港獨立」、
「Hong Kong is not China」、「打倒港共政權」等（文匯報攝）

該決定，及後梁君彥同意梁繼昌提出的要求，宣布休會五分鐘，
反對派議員手持白花站立默哀一分鐘。[15]

翌日，《蘋果日報》發表對梁凌杰父母的訪問，訪問中，梁
父認為只因香港病了，才會促使大量市民抗議，直指「政府，係
包庇富人，只有幫助富人，冇真正幫助年輕人，佢嘅去路、出路、
任何嘅支援」，又認為「每一個善良的香港人和年輕人，都不想

---

15. 〈立法會大會　民主派為金鐘墜樓示威者默哀〉，獨立媒體，2019 年
6 月 19 日。

香港『變衰』，包括兒子在內，每一個走上街頭市民，都是為了表達對政權的不滿。」[16]

6月20日，有自稱是「一群熱愛香港的創作人」向傳媒發布動畫短片，描繪了多個遊行、示威和衝突場面，指經過「政府漠視人意，暴力驅趕後，我們更堅定地重申五大訴求」，短片最後以身穿黃雨衣、墮樓逝世的梁凌杰背影站在無數人潮背後作結，呼籲香港人「不撤不散」。[17]

至於將政府和警隊「妖魔化」，以612事件為例，反共媒體和相關組織將焦點放在警隊身上，把警方清場行動抹黑及放大，以挑動市民對警隊的仇恨。

《蘋果日報》以〈警違法用武　多人頭中彈〉為標題，指稱有警員近距離使用橡膠子彈、布袋彈等槍械射擊示威者的頭部與眼睛。報道指，布袋彈及橡膠彈均為非致命武力，警方曾表示有指引規定只能向目標的下肢發射，以減低傷害程度，又能達到擊退目標的效果，因而批評警員的做法違反指引。[18]

另外，《蘋果日報》報道，警方舉長盾向手無寸鐵示威者攻擊，一名女示威者遭到多名警員圍攻後倒在地上並被拖行，亦多次被警棍和盾牌敲打，使其抱頭瑟縮。[19]

民權觀察認為，警方使用橡膠子彈、布袋彈等槍械作為驅散

---

16. 〈【引渡惡法・獨家】梁凌杰父母首開腔　斥政府不仁不義　惟盼莫再生悲劇〉，蘋果日報網，2019年6月20日。

17. 〈動畫重現抗爭場面　籲不撤不散〉，《蘋果日報》，2019年6月21日。

18. 〈警違法用武　多人頭中彈〉，《蘋果日報》，2019年6月13日。

19. Vanished Archives消失的檔案：〈612下午女示威者遭警圍毆抱頭瑟縮〉，Facebook，2019年6月15日發佈，2023年8月22日瀏覽，https://www.facebook.com/watch/?v=2418360925067128。

2019 年 7 月 21 日，遊行後，有示威者往中聯辦進行破壞，包括以噴漆在圍牆寫上「支那」、投擲雞蛋、潑黑漆沾污國徽等（大公文匯傳媒攝）

示威者的手段，違反聯合國《執法人員使用武力和火器的基本原則》，譴責警方以過量武力對待示威者。民權觀察又批評，警察以警棍襲擊正背着警方離開的示威者，實屬過度使用武力。[20]

社會聯合媒體（United Social Press，簡稱社媒）發布片段，指警方阻礙救護車救援受傷的示威者，並抬走該名倒地的傷者進行拘捕。另外，有人引述救護員指，有警員衝上載有傷者的救護車，強行把傷者拖下車。

香港攝影記者協會發表聲明，批評警方一連串危害記者安全

---

20. 〈【逃犯條例・短片】民權觀察批警使用過量武力　15 米短距離直射催淚彈做法危險〉，明報新聞網，2019 年 6 月 12 日。

及損害新聞自由的舉動，包括以催淚彈、盾牌、胡椒噴劑、警棍攻擊記者，以警棍及槍支恐嚇記者、辱罵記者、刻意遮擋記者鏡頭，以及在無合理懷疑下對記者進行搜身等。[21]

在往後的發展，反共勢力持續利用「情緒工程」挑動市民的情緒，導致修例風波愈演愈烈，並轉化成大規模的反中動亂。

7月：轉化成反中動亂

7月1日，民陣舉行「七一遊行」，主題為「撤回惡法　林鄭下台」，旨在延續民陣提出的「五大訴求」。

當日凌晨，有示威者降下立法會大樓示威區的中國國旗，並升上一幅「黑洋紫荊旗」，而香港特區區旗則被下半旗。下午，示威者再在金紫荊廣場升起黑洋紫荊旗，並將區旗下半旗。

同時，暴動者開始衝擊立法會，在立法會添美道入口，以大鐵枝和垃圾回收鐵籠車撞向立法會大樓的落地玻璃，導致玻璃碎裂。晚上，暴動者成功進入立法會大樓，大肆破壞，塗黑區徽，展示黑洋紫荊旗及英殖香港旗，撕毀多本《基本法》，豎起「沒有暴徒只有暴政！」橫額，牆上噴上「HONG KONG IS NOT CHINA」（香港不是中國）、「時代革命」等字句，並宣讀所謂《香港人抗爭宣言》（或稱《七一宣言》），要求政府回應「五大訴求」。[22]

與此同時，網上流傳《金鐘宣言》及《香港己亥宣言》。

---

21. 〈【逃犯條例】攝影記者協會譴責警方　向記者射催淚彈胡椒水等行為〉，香港 01，2019 年 6 月 14 日。

22. 〈【逃犯條例】《七一宣言》等文宣被譯成多國語言　一覽各宣言重點〉，香港 01，2019 年 7 月 5 日。

前者指出,「對於行政,立法,司法機關等,香港人民已無法容忍,若不立即進行改革,人民必將舉起手中的武器及盾牌,推翻暴政,推翻議會」;[23] 後者則明言「現行社會約法失效、倒行逆施,須由港人重新修訂香港憲法。」[24]

最終,立法會經歷了被佔領破壞近三小時後,警方在午夜前預告將會清場,暴動者主動撤離,全部退出。

其後,示威者分別於 7 月 6 日及 13 日到屯門及上水發起「光復行動」,驅逐在屯門公園內的內地人,以「勿摸活家禽」等口號諷刺內地女性為妓女,並在上水佔據道路和包圍藥房,要求政府取消「一周一行」。[25]

7 月 21 日,民陣再度發起遊行,期間有大批示威者前往中聯辦,抵達後不斷高呼「光復香港、時代革命」,並朝中聯辦內投擲雞蛋,其中中聯辦招牌及中國國徽被擲中,對中聯辦招牌噴黑打交叉,在中聯辦外牆噴上「屌支那」、「支聯辦」、「fk 支那」等辱華言論,並向中國國徽投擲黑色漆彈,導致國徽表面污損。

其後,包圍中聯辦的示威者在傍晚宣讀宣言,重申「五大訴求」,稱會以一切方法逼使政府回應,並指不排除成立臨時立法會。[26] 然而,翌日反共傳媒將注意力集中在同日晚上發生的元朗「白衣人事件」,成功轉移社會視線。

---

23. 〈金鐘宣言 / 香港人民爭取其應有之普世價值及社會制度宣言〉,獨立媒體,2019 年 7 月 1 日。
24. 〈《香港己亥宣言》(中英文)〉,新唐人電視台,2019 年 07 月 19 日。
25. 「一周一行」指的是中國廣東省深圳市戶籍居民在一年內可 52 次赴港個人遊的政策。
26. 〈【7.21 包圍中聯辦】示威者門外發宣言:不排除成立臨時立法會〉,立場新聞,2019 年 7 月 22 日。

小結

以上就是修例風波變質成為反中動亂的過程。我們發現，從修例風波開始至 6 月初，儘管當中展現出強烈的恐共恐中情緒，其焦點仍然放在條例修訂一事之上，希望阻止政府修例。

直至 6 月中後期，林鄭月娥宣布暫緩修例後，民陣及示威者提出「五大訴求」，修例風波的性質逐漸出現變化。由於修例已暫緩（雖然示威者仍然要求「撤回」），運動的焦點就從修例本身，轉移到政府及警隊之上。「五大訴求」的重點，包括要求行政長官林鄭月娥下台、追究警隊責任等，都是針對政府及警方，顯示運動的性質已經由「反對修例」，轉變成反政府。

7 月 1 日這一天，自從中國國旗在立法會大樓示威區被示威者降下，並升上黑洋紫荊旗，已充分展現出運動的港獨分離主義性質。在立法會內大肆破壞，塗黑區徽，展示黑洋紫荊旗及英殖香港旗，宣讀及發表多份赤裸裸的政變檄文，在這情況下，再不能把它定性為純粹反對修例的運動了。

7 月 21 日向中聯辦內投擲雞蛋、在中聯辦門牆上噴上辱華言論、污損中國國徽，更是運動變質成反中動亂的證據。

自此以後，潘朵拉盒子被打開了，反中主義（anti-Sinoism）這頭怪物被釋放出來，在「自然狀態」下任意遊走，暴動者焚燒國旗、拆下國旗丟入海中、焚燒及搗毀中資及親中港商舖，甚至襲擊內地旅客及親中人士。修例風波徹底變質成反中動亂。

利維坦公權力短暫缺位下政府和警隊的表現

利維坦是否有能力控制社會、能否採取必要的武力來應對社會運動，都會深深影響着社會運動的發展。如果政府面對騷亂

時，能夠展示堅定的決心去維持治安及秩序，那麼騷亂平息的機會就增加了一大半。相反，假如政府退縮，立場前後不一，那騷亂便會持續，並且進一步惡化，形成大規模失序、近乎「自然狀態」的動亂。

以下，我們會用暴動定性，以及警方在 7 月 1 日立法會的部署作為個案，分析特區政府應對騷亂的表現。

暴動定性

讓我們把日子撥回 6 月 12 日。為了阻止立法會就修例草案進行二讀，示威者佔領立法會附近的道路，並有暴動者向立法會進攻，期間與警方發生嚴重衝突。[27]

當日下午 4 時許，時任警務處處長盧偉聰見傳媒，形容 612 事件為騷亂。其後，警務處發新聞稿，題為「警方採取行動制止暴動」，以暴動形容事件。晚上，行政長官林鄭月娥發表電視講話，形容 612 事件是暴動，是「公然、有組織地發動暴動，亦不可能是愛護香港的行為。」

6 月 13 日，政務司司長張建宗接受 Now 新聞台訪問，指港府高層並沒有參與 612 事件定性為暴動的決定，亦沒有參與向示威者發射橡膠子彈的決定，是警方按現場情況採取的行動。

同日下午，盧偉聰見傳媒，澄清 612 事件是暴動，並解釋 6 月 12 日會見傳媒誤以騷亂形容事件，是由於自己英譯中不好所

---

27. 6 月 12 日至 7 月 12 日的事態發展主要取自〈【逃犯條例】回顧 6.12 暴動定性字眼 看盧偉聰和林鄭如何華麗轉身〉，香港 01，2019 年 7 月 12 日。

致。其實，英文 riot 一詞可譯為暴動或騷亂，兩個中譯均有暴亂、離叛、謀反等意思。

6 月 15 日，林鄭月娥宣布暫緩修例，並表示贊同警方的暴動定性，指「就前線警務同事怎樣處理及怎樣形容、定性，這都是警務處的責任。我是贊成亦是同意這種說法。」

6 月 17 日，盧偉聰見傳媒，率先對暴動定性改口，指社會可能誤會了，當日之所以形容事件為暴動，是指有些人的行為涉嫌干犯暴動罪，並非指整個事件是暴動，當日沒有參加暴力行為的人士無需擔心。

6 月 18 日，林鄭月娥召開記者會，向市民道歉，並就暴動定性再次解釋，指自己和盧偉聰均沒有認為、亦沒有講過參與 612 事件的人士特別是學生為暴徒，又引述盧偉聰於 17 日的說法，表示若示威者在 6 月 12 日和平參與集會，沒有用過任何暴力的話便無需擔心。

7 月 1 日，示威者衝擊立法會後，林鄭月娥在 2 日凌晨 4 點見記者，表示非常傷心及震驚，並譴責暴力，但絕口不提暴動二字。

7 月 9 日，林鄭月娥在行政會議復會前見記者，形容政府修例相關工作「完全失敗」，修例目前已經「壽終正寢」，並指「從來無為 6 月 12 日在金鐘一帶發生的事，作出一個暴動定性。當時的解釋是，這兩個字是由警務處處長當時用來形容，某些在前線、用在自製武器攻擊警務人員的行為。」

7 月 12 日，民陣召集人岑子傑向記者展示一封警方發出的《禁止集會通知書》，信中提及 6 月 12 日金鐘政府總部一帶，發生出一連串暴力及違法活動，堵塞港島一帶多條主要道路、嚴

重破壞包括立法會、中信大廈等物品，故警方已於同日將上述地點舉行的集會「定性為暴動」。

以上可見，政府對暴動定性採取了模棱兩可、前後矛盾的態度，將 612 事件定性為暴動絕對是客觀的。以美國國會山莊事件為例，美國政界人物及主流傳媒早就使用 sedition（煽動）、riot（暴動）及 insurrection（叛亂）形容這場衝突。[28] 港府官員再三改口，希望緩和局勢，結果卻被看成向示威者讓步，反而壯大了示威者的氣焰。有示威者畏罪潛逃到台灣後接受 NowTV 訪問時就提到，以 612 事件為例，如果沒有發生暴動，政府就不會暫緩修例，令他更明白，要不斷施予壓力給政府，才可以爭取他們的訴求。[29]

7 月 1 日立法會被攻佔事件

7 月 1 日，立法會史無前例地被示威者攻佔，淪為一片頹垣敗瓦。

根據監警會的報告，[30] 示威者於 7 月 1 日凌晨開始在立法會大樓外聚集，並佔據大樓外的道路，有暴動者與警方發生零星衝突。

---

28. 〈國會山莊騷亂　美國民粹社會的照妖鏡〉，香港 01，2021 年 1 月 12 日。

29. Now 財經新聞：〈【經緯線】出走〉，YouTube，2020 年 6 月 22 日發布，2023 年 8 月 22 日瀏覽，https://www.youtube.com/watch?v=WQ7bbiTVAzE。

30. 7 月 1 日的事態發展主要取自獨立監察警方處理投訴委員會：《監警會專題審視報告關於 2019 年 6 月起《逃犯條例》修訂草案引發的大型公眾活動及相關的警方行動》，2020 年 5 月 15 日。

早上 10 時 44 分，警方表示為避免與示威者發生衝突，決定撤離，示威者繼續佔據道路。

下午 1 時許，暴動者開始以鐵枝及鐵籠車撞擊立法會大樓議員入口的玻璃門。其後，暴動者成功撞破玻璃門，但被在立法會內駐守的警察抵擋，無法攻進立法會。

下午近 3 時，有暴動者向警方投擲不明冒煙粉末，導致警員受傷。其後，警方制定清場計劃，擬把示威者從立法會大樓向東面驅散，但警察總部指揮及控制中心決定不執行該清場計劃。

下午 5 時，暴動者轉到立法會大樓公眾入口，並於半小時後撞破玻璃門，但並未向內進攻。

晚上 8 時 47 分，暴動者撬開被破壞的玻璃門後的卷閘，向立法會內的警察投擲白色冒煙粉末。

其後，警察總部指揮及控制中心認為當時情況不適宜驅散示威者，遂指示警務人員撤退。警方撤退到政府總部，導致立法會無人看守。

結果，立法會被暴動者佔據，在裏面逗留了約三小時，期間大肆破壞。直到午夜，警方在立法會大樓附近採取驅散行動，示威者還有時間可以商量是否撤退。最終，警方於凌晨 1 時進入立法會，當時所有示威者已離開。

事後，警方表示沒有第一時間阻止示威者進攻，反而將所有在立法會駐守的警隊撤出立法會，任由示威者攻佔破壞，是考慮到警方的行動有可能牽動其他人情緒，令情況惡化，警方撤離，是為了盡量避免與示威者發生肢體衝突，確保在場人士（包括示威者）的安全。

不少反對派媒體質疑警方刻意設下「空城計」，是「設局」引誘示威者進入立法會。實情是警方撤出立法會，導致示威者在

內大肆破壞，然後安全退出，所謂「空城計」並無意義！亦有反對派對警方的部署感到大惑不解，例如公共專業聯盟政策召集人黎廣德便對警方的部署提出質疑。[31]

綜合而言，特區政府與警方的決策和行動致使利維坦公權力缺位。

首先，警方在6月12日守護立法會時採取的是「周邊布防」的方式，將警方與示威者分隔開來，但7月1日警方卻撤出立法會大樓。

第二，示威者由7月1日下午1時許開始衝擊立法會，直到晚上9時警方撤退，歷時八小時，明明當時攻擊立法會玻璃門的示威者只為數數十人，警方卻一直沒有及早制止衝擊行為。

第三，對水電的控制本來就屬於戰術部署，警方理應先控制立法會的機房和控制室，但事後警方聲稱撤退考慮之一是因為「示威者亦曾經擅自操控立法會綜合大樓內的電力裝置，隨時可以令現場變得漆黑一片，嚴重增加現場人士的風險。」[32]

第四，警方指有暴動者使用有毒性及易燃的化學品襲擊警務人員，所以警方要後退。然而，從時序來看，下午3時左右已經有示威者向警方投擲不明白煙，但並沒有看到警方嚴肅處理白煙源頭，而且警察均佩備防毒面具，撤退也無法確保在場人士免受白煙的危害，可見這並非撤退的理由。即使警方真的無可避免要從立法會大樓地下撤離，大可以退到大樓一樓建立另一重防線，再關掉扶手電梯和升降機及堵塞樓梯，以阻止示威者前往一樓，

---

31. 黎廣德：〈警方棄守立法會的七道破綻〉，獨立媒體，2019年7月9日。
32. 〈【反修例】佔領立會前撤退被指空城計 警方：沒行動是避免與示威者肢體衝突〉，《香港經濟日報》，2019年7月3日。

這樣做的話，即使無法驅散地下的示威者，也可將受破壞的空間及範圍盡量縮窄，根本無需從立法會完全撤離。

警方應對暴動者衝擊立法會的部署，令人難以理解，但是，如果參照政府官員在暴動定性一事所展現的立場不一，我們就能明白警方的行動。假如政府官員採取果斷有力的態度及措施去應付社會事件，很可能修例風波不會如此輕易發酵，並且變質成為長時間、大規模的反中動亂。這是利維坦公權力缺位的後果！

反證一：美國國會山莊騷亂

美國眾議院議長佩洛西（Nancy Pelosi）曾把香港的示威活動說成是「一道美麗的風景線」。沒想到，這「一道美麗的風景線」也現身美國。

2021 年 1 月 6 日，大批示威者應時任總統特朗普號召，遊行至國會大樓，並在大樓外聚集。其後，特朗普支持者開始與國會警察爆發衝突，推開警方的臨時圍欄，並突破警方在大樓西邊架設的防護欄。

下午 2 時 30 分左右，暴動者成功突破警方最後一條防線，並闖進國會大樓，有些人利用繩索和臨時造出來的梯子進入大廈，有些人則打破窗戶進入。暴動者闖入國會後，國會大樓建築群的所有建築都被封鎖，不許進出。國會警察開始在大樓內使用催淚氣體、胡椒噴霧及胡椒球槍清場。其後，多名警察在眾議院議事廳內拔槍，並將槍口對準議事廳大門，一名暴動者在大樓內被警察開槍擊斃。[33]

---

33. 〈國會暴動主要時序　混亂持續近 6 小時〉，東網，2021 年 1 月 7 日。

下午 3 時，華盛頓特區市長鮑澤（Muriel Bowser）下令從當晚 6 點開始實施宵禁，持續至次日早上 6 時。另外，國防部長及其他州州長分別決定派出州警及國民警衛隊到國會應對騷亂。[34]

其後，國會警察聯同國民警衛隊一同行動，成功使用催淚氣體與閃光彈清場驅逐暴徒。在衝突過程中，有四名暴動者死亡（包括被警員開槍擊斃的女子），52 人被警方拘捕，當中有 26 人是在國會大樓被捕。[35]

從以上簡述可見，由於輕視等原因，國會警察開始時並沒有部署足夠警力及裝備應對示威，導致暴動者成功闖入國會並大肆破壞。但從鎮壓力度及速度來看，我們可看到美國各級政府及部門應對騷亂的手段與決心。相反，在香港，在有足夠警力的情況下，面對示威者向立法會進攻，警方高層卻下令撤退，任由示威者進入破壞，並在全部示威者撤離後才進行「清場」。

反證二：新任警務處處長執掌警隊後的變化

除了與國外比較，香港自身出現的變化同樣提供很好的參照。「制度」無可否認是影響利維坦公權力的重要因素，但也不能忽略「人的因素」。

從政府對暴動定性及警方在處理 7 月 1 日立法會被攻佔一事的表現可見，香港不是完全沒有公權力，而是決策者的判斷力出了問題，導致利維坦公權力無法彰顯。

2019 年 11 月新任警務處處長鄧炳強執掌警隊，形勢隨之出

---

34. 同上。

35. 〈美國國會暴亂｜4 死 52 人被捕　35 歲女死者遭開槍擊斃片段曝光〉，香港 01，2021 年 1 月 7 日。

現變化。將 2019 年 7 月至 2020 年 2 月的八個月，與 2020 年 3 月至 10 月的八個月這兩個時段比較，可以看到明顯的變化，涉及修例風波相關罪行，包括非法集會、暴動、縱火及刑事毀壞等案件，在第二個時段下跌 50%，示威者的被捕人數下跌 70%，相關投訴下跌 80%，使用催淚煙數目下跌 99.8%，而襲擊商舖大幅下跌 80%，投擲汽油彈、破壞交通燈及港鐵站更是少有。[36]

鄧炳強執掌警隊前，已多次親赴暴動現場指揮。在新舊警務處處長的交接期，香港理工大學被示威者佔領，鄧炳強前往前線指揮，警方的行動也比過去強硬，包括多次主動進攻、拘捕所謂「義務救護員」、規定傳媒「一換一」輪換記者，並成功將示威者包圍在理大校園內。

鄧炳強執掌警隊後，先把沿用了 20 年的警隊口號「服務為本　精益求精」改成了「忠誠勇毅　心繫社會」。警務處退休總警司曾財安指出：「這個動作似乎很小，但襯托在前線警務人員在過去兩天的止暴制亂行動之上，意義卻是重大的。」[37]

除換口號之外，鄧炳強正式上任宣誓就職前，還提出了「四大抗暴策略」，包括：

* 改變目前不夠靈活的機動部隊編制，成立由總警司級別警官指揮的「總區應變大隊」，這樣無論「應變大隊」去到哪個警區，都能與當區最高級警官快速溝通，互相配合；

---

36. 〈鄧炳強上任一年　黑暴罪惡跌 5 成〉，《東方日報》，2020 年 11 月 19 日，第 A01 版。
37. 〈香港警隊沿用 20 年的口號改了：「忠誠勇毅　心繫社會」〉，中國日報中文網，2019 年 11 月 19 日。

- 購入防割頸巾、防護口罩及眼罩等物資，並研究引進一些可以保持距離的非致命性武器；
- 承諾會爭取招聘額外人手，繼續聘請已退休的警察出任合適崗位，減輕前線壓力；
- 加強前線人員的反恐訓練，加強與其他政府部門及機構的聯繫。[38]

當然，我們並非指形勢變化只由於新任警務處處長這個人因素。鄧炳強自己對此也否認，指出：「不能這樣說，相信是社會到了此階段，市民對暴力開始厭棄，加上警隊嚴正執法，法庭陸續進行審判，判刑令想犯法的人卻步。」[39] 但他的上任，的確使形勢出現變化，可見不能忽視人的因素。

中央的自我約束

在「一國兩制」方針下，中央對香港一方面實行「港人治港」、高度自治，中央同時擁有對香港的全面管治權。基於此特殊性，在運用利維坦國家理論分析香港情況時，我們必須先注意，香港是地方行政區域，這意味着除了把目光投放在特區政府，我們同樣必須關注「主權者」——中央政府的角色。

表態支持港府修例

時任行政長官林鄭月娥多次強調，修例工作由始至終都是由

---

38. 〈上任第一天，港警「新一哥」前往香港理工大學外圍了解情況〉，環球網，2019 年 11 月 19 日。
39. 〈鄧炳強上任一年　黑暴罪惡跌 5 成〉。

特區政府決定，與中央政府無關。自港府 2 月提出修例，中央一直未有表態。直到 5 月，當外部勢力不斷炒作修例議題，中央才出面表態支持特區政府修例。

5 月 15 日，時任國務院港澳辦主任張曉明表示，特區政府的修例工作是必要的、適當的、合理合法的，也是不必多慮的。[40]

5 月 17 日，時任中聯辦主任王志民接見數十名港區全國人大代表及政協委員，通報中央支持特區政府依法修例，並要求他們支持特區政府完成修例工作。[41]

5 月 21 日，負責港澳事務的時任國務院副總理韓正表示，特區政府修例是合憲和彰顯法治，中央完全支持修例工作。[42] 同日，林鄭月娥表示，港澳辦和中聯辦就修例表態，是由於有外部勢力介入，修例事件已提升到「一國兩制」層面。[43]

6 月 9 日，第三次「反對修例」遊行後，中央繼續表示支持修例。

6 月 11 日，外交部發言人耿爽主持例行記者會，強調中央堅定支持特區政府推進修例工作。

6 月 15 日，港澳辦、中聯辦、外交部等部門先後發聲明，

40. 〈港修例必要適當合理合法　張曉明籲守護法治公義回歸理性專業尊重事實〉，《文匯報》，2019 年 5 月 16 日，第 A03 版。

41. 〈【逃犯條例】中聯辦通報：中央撐修例　政協引述「一定要過！」〉，香港 01，2019 年 5 月 17 日。

42. 〈【引渡修例】韓正：符合《基本法》規定，中央政府完全支持〉，眾新聞，2019 年 5 月 21 日。

43. 〈【逃犯條例】林鄭：外部勢力介入修例　中央駐港機構發言理所當然〉，《香港經濟日報》，2019 年 5 月 21 日。

表示支持、尊重和理解特區政府暫緩修例。[44]《人民日報》也在當天發表評論文章，指中央支持行政長官和特區政府依法施政，鼓勵香港社會各界發揚尊重法治、理性溝通的優良傳統。[45]

在修例風波轉化成反中動亂的過程中，中央一直保持高度克制及自我約束，基本上只是透過發聲明譴責示威活動。7 月 1 日立法會被暴動者攻佔後，港澳辦及中聯辦發出聲明，對立法會被衝擊一事予以強烈譴責，堅決支持特區政府和警方依法履行職責，並支持特區有關機構依法追究暴力犯罪者的刑事責任，盡快恢復社會正常秩序，保障市民人身和財產安全，維護香港的繁榮穩定。

7 月 21 日，中聯辦被衝擊後，港澳辦及中聯辦再發聲明，表示暴動者的行徑公然挑戰中央政府權威，觸碰「一國兩制」底線，性質嚴重，影響惡劣，絕對不能容忍，對此表示最強烈的憤慨和譴責，並堅決支持特區政府和警方依法嚴懲違法暴力行為，維護香港的社會穩定。

以強硬姿態威嚇示威者

到了 8 月，中央態度明顯有所改變。有人認為，這可能與示威活動愈趨暴力有關，包括暴動者在多區向警署投擲汽油彈並導致警察燒傷，有人則說與示威活動的反中程度增加有關，這方面

---

44. 〈國務院港澳辦、外交部、香港中聯辦、外交部駐港特派員公署就香港修例問題發表談話〉，《人民日報》，2019 年 6 月 16 日，第 04 版。
45. 〈【逃犯條例】人民日報評暫緩修例：中央政府鼓勵香港社會理性溝通〉，香港 01，2019 年 6 月 15 日。

的事例有 8 月 3 日中國國旗在尖沙咀海旁被暴動者扔入海中，13 日內地旅客徐錦煬和《環球時報》記者付國豪相繼遇襲等。

7 月 31 日，解放軍駐香港部隊發放包含「反恐」、「維穩」、「防衛」及「同心」四大主題的影片，其中一段的「防暴演練畫面」是處理示威。當中解放軍舉起與香港警隊相似的紅旗，有「停止衝擊」及「否則使用武力」等文字，亦有解放軍用粵語高叫「後果自負」。[46]

8 月 6 日，廣東公安在寶安區海濱廣場舉行夏季大練兵，命名為「深圳亮劍」行動，出動了 1.2 萬名警察，模擬特警演練和應急處置突發事件。演練過程中出現了對抗黑衣示威的行動，明顯是針對香港的動亂。[47]

8 月 12 日，時任港澳辦發言人楊光臨時召開新聞發布會，針對 11 日有警察據稱遭燒傷一事表明態度，稱示威者「喪心病狂」，對此表示「極度憤慨和強烈譴責」。[48]

同日，據內地媒體報道，有深圳市民於 10 日拍到武警車隊集結的畫面，當中包括大量裝甲車及水炮車。[49]

---

46. 〈【逃犯條例】駐港部隊宣傳片現「新界的士」 廣東話喊：後果自負〉，香港 01，2019 年 8 月 1 日。

47. 〈廣東公安夏季大練兵「深圳亮劍」行動舉行〉，中新網，2019 年 8 月 6 日。

48. 國務院港澳事務辦公室：〈國務院港澳辦發言人楊光就香港極少數暴徒投擲汽油彈襲警予以嚴厲譴責〉，新聞發布，2019 年 8 月 12 日。

49. 〈武警深圳灣大規模演習 市民推測：只是參加夏季大練兵〉，星島網，2019 年 8 月 12 日。

8月13日，時任美國總統特朗普於推特（Twitter）發文，表示收到情報，解放軍在深圳集結，希望所有人冷靜和安全。[50]

8月14日，解放軍東部戰區陸軍的微信公眾號「人民前線」針對《環球時報》記者付國豪在機場被禁錮及毆打一事發表文章，指從深圳出發抵達香港只需要十分鐘；又配上一張蝗蟲圖片，圖片裏有「港毒分子」字眼，指蝗蟲「在秋天會逐漸絕跡」。[51]

同日，美聯社報道，根據衛星圖片顯示，超過500架解放軍裝甲運兵車停泊深圳灣體育中心。[52]

8月17日，《人民日報》微博轉載一段影片，指出這是「今日（8月17日）在深圳舉行的公安武警大練兵」。[53]

8月29日，《人民日報》在微博上載一段短片，顯示大批武警當日在深圳又一次進行防暴演習，出動水炮車驅趕「示威者」，又舉起帶有繁體字警告標語的旗幟。[54]

8月31日，據內地媒體報道，深圳市民再次拍到有大批公安特警、武警車輛開進深圳。[55]

---

50. 〈特朗普指香港情況「嚴峻」，美國各界表憂慮〉，BBC News 中文，2019年8月14日。

51. 〈【機場集會】解放軍東部戰區陸軍發文：從深圳往香港只需10分鐘〉，香港01，2019年8月14日。

52. 〈美聯社：500運兵車停泊深圳灣　解放軍微信：赴港只需十分鐘〉，香港01，2019年8月14日。

53. 〈【逃犯條例】武警深圳演練影片曝光　粵語警告「停止暴力」〉，香港01，2019年8月17日。

54. 〈深圳武警公安又「亮劍」：防暴演練出動水炮車　舉繁體字旗幟警告〉，香港01，2019年8月30日。

55. 〈【逃犯條例・有片】今天凌晨大批特警武警車輛開進深圳〉，香港01，2019年8月31日。

雖然中央透過安排武警在深圳集結及演練，用以威嚇香港的示威者及外部勢力，但總體而言是相當克制的，並沒有真的進入香港平亂。即使解放軍駐港部隊於 11 月離開在九龍塘的軍營，亦只是協助清理路障，沒有參與平亂工作，這種克制程度是相當罕見的。

外部勢力的介入與干預

2019 年 5 月 21 日，行政長官林鄭月娥於出席行政會議前表示：「[修例一事] 到後期，這件事衍生了一些變化，就是有人所說有外國政府、外部勢力加入，甚至藉此去破壞、影響中央和特區的關係，甚至肆意抨擊內地的司法、人權制度，這就不只是這條條例、特區政府內部事務，是提升到『一國兩制』甚至是涉及《基本法》的憲制層面。」[56]

其實，早在 2 月政府提出修例時，時任美國駐港總領事唐偉康（Kurt Tong）便已開腔。自政府提出修例以來，外國及境外勢力一直積極參與，為反對派做勢，例如唐偉康在 2 月 26 日接受電視訪問時，指特區政府修訂《逃犯條例》或影響美港雙邊協議。[57]

3 月，香港美國商會稱對修例感「憂慮」。[58] 前政務司司長陳方安生與當時的立法會議員莫乃光及郭榮鏗等人則到美國，與

---

56. 香港特別行政區政府：〈行政長官於行政會議前會見傳媒開場發言和答問內容〉，新聞公報，2019 年 5 月 21 日。

57. 〈唐偉康公然干預修逃犯例〉，《大公報》，2019 年 6 月 15 日。

58. 3 月至 5 月的事態發展取自〈港反對派與外國勢力在修例問題上的「互動」〉，《文匯報》，2019 年 5 月 26 日，第 A01 版。

美國國家安全委員會開會，並獲得時任美國副總統彭斯接見。陳方安生等人請求美國制裁香港，並希望美國支持香港的反修例行動，美方則透過三人的到訪對修例「表達關注」。

4月，美國國會及行政當局中國委員會（Congressional-Executive Commission on China）主席麥考文（Jim McGovern）與國會議員魯比奧（Marco Rubio）發表聲明，表示若然修例成功，會侵蝕香港的法治中心和商業中心的聲譽，而時任英國駐港澳總領事賀恩德（Andrew Heyn）表示已與特區政府官員會面，稱修例可能會影響香港營商信心。

4月25日，美國國務院發表聲明，稱美國和其合作夥伴會「密切監察」修例，並聲言修例後將允許港府轉移逃犯到內地，令香港的國際地位「陷入危機」。

在反對派發起的第二次「反對修例」遊行前夕，唐偉康在美國駐港總領事館會見香港民主黨多名議員，商討修例一事，並表示關注。

5月，外國加強力度反對修例。7日，美中經濟與安全審查委員會（U.S.-China Economic and Security Review Commission）發表報告稱，《逃犯條例》的修訂令美國有需要審視是否鼓勵美國商人來香港做生意，甚至會影響《美國–香港政策法》（United States–Hong Kong Policy Act）。其後，歐盟外交與安全政策高級代表（High Representative of the European Union for Foreign Affairs and Security Policy）發表報告，稱「一國兩制」正受到蠶食，令人憂慮香港作為國際金融中心的吸引力。

13日，德國政府邀請陳方安生和郭榮鏗訪問，德國聯邦議會副議長羅特（Claudia Roth）表示修例必定會影響香港作為國

際金融中心的地位,並稱德國有可能因此而取消與香港簽訂的移交逃犯協議。

16日,時任美國國務卿蓬佩奧(Mike Pompeo)及眾議院議長佩洛西會見香港民主黨創黨主席李柱銘等人,其後美國國務院發表聲明,稱修例會威脅香港法治。

21日,美中經濟與安全審查委員會委員訪港,與立法會議員會面,在會上表示極度擔心修例會嚴重影響美國和香港的雙邊協議和引渡條例,亦有機會影響《美國–香港政策法》。

24日,歐盟駐港澳辦事處及歐盟成員國的外交代表與行政長官林鄭月娥會面,表達對港府修訂《逃犯條例》的關注及擔憂,並正式發出「外交照會」。

6月9日,所謂103萬人遊行後,美國國務院發表聲明支持示威,表示昨日數以十萬計人參與的和平示威清楚反映公眾對條例的反對立場。[59]

6月12日,立法會外發生暴動後,美國眾議院議長佩洛西強烈譴責修例,並支持示威者,稱美國與香港人同行。[60]

6月13日,麥考文聯同美國共和黨眾議員史密斯(Chris Smith)及參議員魯比奧分別向眾議院及參議院提出《香港人權與民主法案》,旨在修訂《美國–香港政策法》。[61]

---

59. "US State Department and UK's Asia Minister Express Support for Hongkongers Protesting Extradition Bill," *South China Morning Post*, 11 June 2019.

60. Nancy Pelosi, "Pelosi Statement on Hong Kong Protests and Extradition Bill," Press Release, 11 June 2019.

61. 〈【逃犯條例】美眾議員:國會擬推《香港人權與民主法案》〉,香港01,2019年6月13日。

時任美國國務卿蓬佩奧表示，總統特朗普會與中國國家主席習近平在二十國集團（G20）大阪峰會討論香港問題，並稱「我們明白香港發生的事情，我們看着香港人為自己的價值發聲。」[62]

時任英國外交大臣侯俊偉（Jeremy Hunt）呼籲港府聆聽示威者要求，並警告中國政府如不遵守《中英聯合聲明》，將會面臨嚴重後果。[63] 英國政府亦表示有開放英國駐港總領事館予示威者提供庇護，並暫停向香港警方提供橡膠子彈和催淚氣體等物資。

6月19日，美國眾議院議長佩洛西表示「有200萬人上街反對修訂《逃犯條例》，那不是一道美麗的風景線嗎？」公然美化動亂。

7月1日，香港立法會被暴動者攻佔後，時任美國總統特朗普表示，闖入立法會的示威者是渴望香港有民主，「他們追求民主，我認為大部份人希望有民主。」[64]

時任美國副總統彭斯與國務卿蓬佩奧分別會見了黎智英，蓬佩奧表示香港的抗議是合理的，希望中國政府做正確的事情，尊重現有涉港協議。[65]

62. "Donald Trump to Raise Hong Kong Extradition Protests with Xi Jinping at G20, Mike Pompeo Says," *South China Morning Post*, 17 June 2019.

63. 英國外交及聯邦事務部：〈英國外交大臣就香港抗議發表聲明〉，新聞稿，2019年6月12日。

64. 〈【引渡惡法】特朗普曾跟習近平談論香港　評估領立會：他們在追求民主〉，《蘋果日報》，2019年7月2日。

65. 〈彭斯和蓬佩奧會見黎智英　中方批外部勢力插手香港事務〉，《聯合早報》，2019年7月10日；〈外交部駁美官員涉港言論：香港近期暴力事件也算是美方的一個「作品」〉，新華網，2019年7月30日。

2019 年 8 月 31 日，「8·31 遊行」，黎智英（右一）參與其中（文匯報攝）

　　美國眾議院議長佩洛西在社交網站發文指出，香港市民過去數星期的反對修例示威行動啟發全球，無論是二十國集團抑或全世界，都不應無視他們的勇氣。[66]

　　時任英國外相侯俊偉表示，英方期待中方遵守《中英聯合聲明》，並強調英國對香港以及其自由的支持堅定不移。[67]

　　時任英國首相文翠珊（Theresa May）在國會上表示，中國

66.　〈佩洛西發聲明支持香港示威者稱讚勇氣　中國外交部點名批評：錯誤言論〉，法國國際廣播電台，2019 年 8 月 6 日。

67.　〈【逃犯條例】英國外相侯俊偉：支持香港但不接受暴力行為〉，香港 01，2019 年 7 月 1 日。

政府必須尊重香港的高度自治、人權和自由，並表示她持續向中國政府表達對香港的擔憂。[68]

當時的候任英國首相約翰遜（Boris Johnson）表示自己全力支持香港人，樂於為他們發聲，認為修例或有政治動機、武斷及侵犯人權，香港人完全有權利對此感到懷疑和擔心。[69]

7月9日，黎智英在美國保衛民主基金會（Foundation for Defense of Democracies）舉行的活動上向美國之音記者指出：

> 他們[美國高級官員]都一致同意，香港正在（與中共政權）進行一場與美國有著同樣價值觀的戰爭，這意味著，我們在你們的敵人陣營裡為你們而戰。我們需要你們的支持，沒有支持，我們就沒有堅持這種抵抗的道德和物質上的手段。你們的支持非常重要。……如果我們認為，美國正在與中國展開一場冷戰，一場就相互競爭的價值觀展開的冷戰，那麼我們是站在你們一起的，正在犧牲我們的自由、生命以及我們所擁有的一切，站在前線為你們而戰。難道你們不應當支持我們嗎？[70]

8月，美國眾議院議長佩洛西多次發表聲明，讚揚香港示威

---

68. 〈反送中〉開口了！英首相：中國必須尊重香港高度自治〉，自由時報，2019年7月3日。

69. "UK PM Candidate Johnson Says He Backs Hong Kong People 'Every Inch of the Way'," Reuters, 3 July 2019.

70. 〈黎智英尋求美國對香港提供什麼樣的支持？〉，美國之音，2019年7月12日。

者的勇氣，承諾國會復會後，民主黨與共和黨會聯手推進《香港人權與民主法案》的立法工作。[71] 參議院多數黨領袖麥康奈爾在《華爾街日報》發表題為〈我們與香港站在一起〉的文章，警告如果中國政府鎮壓香港的示威活動，將會付出「真實而痛苦的代價」。[72]

　　外國及境外勢力嘗試給予反對勢力一個「假希望」，讓他們以為外國會出手制裁中國，達到所謂「天下圍中」。因此，反對勢力把重點工作放在所謂「國際線」之上，例如組織以號召外國制裁為主題的遊行和集會，其中有 6 月 26 日的「G20 Free Hong Kong 集會」、9 月 8 日的「香港人權與民主祈禱會」，又遊行到不同國家的駐港領事館，在遊行中高舉英、美國旗，自稱為「帶路黨」，高舉「美軍未來我邀請　美軍來了我帶路」標語，以「驅逐共黨，光復香港」、「天滅中共」、「Free Hong Kong, pass the act」、「President Trump, please liberate Hong Kong」、「Defend sovereignty of Hong Kong」、「保衛香港憲法 Defend our constitution」為口號。

　　由此可見，自港府提出修例以來，外部勢力一直高度介入及干預，為反對勢力造勢，炒作議題及製造輿論，發揮推波助瀾的作用，促成修例風波爆發，以及轉化成帶有顏色革命性質的反中動亂。

---

71. 〈【逃犯條例】佩洛西：美國會復會後跨黨派推進《香港人權與民主法案》〉，明報新聞網，2019 年 8 月 6 日。
72. 〈麥康奈爾警告中國在香港鎮壓的後果〉，美國之音，2019 年 8 月 22 日）。

結語

本章主要以敘事方式闡述反對勢力、香港特區政府、中央政府、外部勢力在修例風波的爆發及轉化過程中扮演的角色與所起的作用，他們的行動和反應互相影響，推動修例風波的發展及性質轉變。

要特別指出，正是由於特區政府的應對不力，令修例風波將香港引入了利維坦公權力短暫缺位的狀態，導致修例風波持續激化，並轉化成反中動亂。這正如吉爾吉斯斯坦在鬱金香顏色革命的緊急關頭，不實施緊急狀態，不准武裝部隊使用武器，導致總統府和政府大樓被攻佔。這一情況，不會發生在美國或其他西方國家，其原因除了這些國家的政府控制了本國及西方主流傳媒外，還有堅強的國家意志，可以立刻開動利維坦擁有的絕對權力，迅速鎮壓，美國國會山莊事件便是一顯例。同樣地，香港的新任警務處處長執掌警隊後，變化迅速出現，從中可以看到，人的因素對利維坦公權力能否彰顯也有着重要的關係。

本章將香港的反中動亂定性為「港版顏色革命」，原因是香港的動亂有着顏色革命的特徵，都是反對派首先採用遊行、集會、靜坐抗議等非暴力方式，並且有外部勢力介入，反對派與外部勢力有着密切聯繫，反對派的傳媒大亨黎智英甚至親口說出了「為美國而戰」的叛國言論。

然而，之所以是「港版」，在於香港的動亂與東歐及阿拉伯之春等顏色革命有所不同，一來香港的動亂缺乏社會基礎，本質是政治性而不是社會性的；二來香港的動亂雖然與顏色革命特徵一樣，有外部勢力的介入，但從事件發展的時序來看，外部勢力和反對派在事發前並沒有精心策劃，只是藉着利維坦公權力缺

位,抓緊時機,利用修例一事乘機搗亂、在旁煽風點火,否則他們應該奪取運動的領導權,而不會只作陪襯,讓暴動參與者成為舞台的主角。

　　外部勢力的角色所以如此,是因為香港的公權力存在二重性質,即香港特區歸根結底只是地方性政權,即使成功策反香港政府和警隊,也絕不可能成功地建立親美政權,因為中央政府必要時一定會鎮壓動亂。因此,外部勢力只能在香港搗亂,目標是為中國共產黨製造麻煩。這就注定了這場港版顏色革命必定以失敗告終。

總結：

「一國兩制」的明天：如何超渡浮士德的幽靈？

　　撰寫總結這章之際，我們還不知道國家主席習近平會在香港出席回歸 25 周年及新一屆特區政府就職典禮時有如下令人鼓舞的講話：「『一國兩制』……這樣的好制度，沒有任何理由改變，必須長期堅持！」[1]《香港國安法》出台後，動亂大致平息，中央提出香港由亂及治、由治而興的判斷，這當然令人鼓舞。我們當然樂見「一國兩制」長期堅持。但是，若未有為 2019 年的反中動亂作出深刻的檢討，這也是本書的着力所在，找出香港開埠以來最驚心動魄的政治動亂的來龍去脈，才能把「一國兩制」的明天說得清楚，不會重蹈覆轍，並由治而興。

　　我們不得不承認，儘管《香港國安法》已生效，但反中動亂留下來的浮士德幽靈，仍然揮之不去，有待超渡，這是個令人無奈的事實！那麼，是否「一國兩制」的理論及實踐出了問題？在本章，我們從中國政治傳統在中西博弈中受到挫敗開始論證，討論香港回歸並未帶來人心回歸，所謂人心回歸，指的是大多數人

---

1. 習近平：〈在慶祝香港回歸祖國二十五周年大會暨香港特別行政區第六屆政府就職典禮上的講話〉，《人民日報》，2022 年 7 月 2 日，第 02 版。

認同中央共產黨政權；事實上，不止人心未回歸，在新世代中更出現港獨分離主義；《香港國安法》雖然已生效，浮士德的幽靈仍然徘徊在香港上空，這反映了利維坦公權力的復位仍未能平伏相當一部分香港人的怨忿。

經一番探索，我們認為「一國兩制」在理論及實踐有管治的誤區。這個判斷並不一定對，但值得深思。在回顧了 2019 年反中動亂的前因後果之後，本書提出五點治理問題，拋磚引玉，請教於高明；我們相信，這些問題若解決得好，香港可以有更好的明天。

論證中國國家政治傳統受到挫敗

本書的導言提出了一個問題：何以香港這個一向務實及平和的中國人社會，在回歸 20 多年後爆發出一場由青年新世代帶頭的反中動亂呢？在 2014 年的佔中運動，民眾對「勇武」暴力「說不」，但是時隔四、五年後，不止一直信奉「和理非」的民主派有了截然不同的改變，對反中口號及行為予以無底線的容忍，整個社會經過近半年的動亂，到了 2019 年底的區議會選舉，竟然投票讓泛民主派及港獨分子贏得了大部分議席。對香港來說，這是反常的政治現象，現在我們來總結一下其原因。

在本書的導言中，我們提出，由於利維坦公權力缺位及互聯網形成的廣場式政體，將「勇武抗爭」港獨分子轉變成暴動者；與此同時，中國有對邊陲地區實施寬鬆政策的傳統，除非邊陲地區叛變或成為國家隱患，不然的話，歷史上中央政權鮮有主動改變邊陲地區少數民族的自治局面，解放後的西藏便是例子。至於香港，特殊性在於其資本主義制度有利於中國社會主義制度的長

期發展，基於國家的長遠戰略考慮，中央給予香港高度自治，這和中央對西藏落後的封建神權體制採取權宜之計是不一樣的。

「一國兩制」國家觀的「國家」是 country，而非 state，中央相信香港回歸後假以時日，國家強大起來，加上愛國的自然情感，自然領土的同胞感情便會和政治主權結合起來。中央亦強調，從文化歷史傳統而言，內地與香港是「命運共同體」，假以時日，人心問題會得到解決。因此，對於一些現代國家即 state 的主權建構必要元素，例如「公民」身分（權利及義務）、財政稅收、貨幣、法律主權等，中央也作出了特殊安排。遺憾的是，這些特殊安排或者「額外」授權，反而導致香港人對國家及公民身分缺乏切實體驗和感受，反過來弱化了愛國情感，削弱了 country 的基礎，為反中動亂提供了養分。這是「一國兩制」理論的管治誤區；是故「一國」應加強現代國家 state 於「兩制」的主權建構，增強香港特區「居民」屬於「一國」的「國民」身分認同。

回歸後，在「一國兩制」框架下，特區的公權力有二重性質，即中央的全面管治權和特區的高度自治權，理想狀態是兩者有機地結合，但現實中卻是二重公權力被長期弱化。一方面，基於「港人治港」和高度自治方針，中央對香港基本上是「積極不干預」，採取「能不變就不變」、「不管就是管好」的寬鬆態度，盡可能約束對香港的管治權力。另一方面，由於選舉政治的引入、《人權法》對司法部門的影響、行政部門的自我約束，以及缺乏健全維護國家安全的法律制度和執行機制，特區層面的公權力長期被弱化。兩者疊加，最終導致公權力在反中動亂時出現短暫缺位。不過，我們的研究發現，若有果斷及具有魄力的執法人員處理動亂，利維坦公權力缺位下的「自然狀態」亦不至於達到完全失控

的程度。明顯的例子是新任警務處處長就職後，在未有《香港國安法》和國安執法部門授予的制度權力，而人力物力又不變的情況下，亦可以嚴厲及有效地壓制動亂及打擊暴動者，這反映了人的因素在公權力執行上的重要性。因此，動亂過後，如何在公權力制度建設及人事安排這兩方面下工夫，是利維坦公權力復位後能否得到鞏固的關鍵問題。

當然，若沒有互聯網虛擬廣場式政體的發酵，以至形成類似霍布斯形容的「一切人對一切人戰爭」的前政治「自然狀態」，因而演出一幕又一幕的荒誕劇，修例風波可能還能維持「和平、理性、非暴力」的性質。但在廣場式政體現象的影響下，即使是貴為大學校長的高級知識分子，亦被謠言蒙蔽，陷入了「自然狀態」。在廣場式政體，暴動者處於一個由互聯網形成的虛擬廣場，被煽動做出種種狂熱甚至荒誕的行動。不過，本書認為，廣場式政體現象只是催化劑，只是加速了暴動的速度及深度，而不是導致反中動亂爆發的主要因素，因為特區的公權力雖然長期被弱化，但仍未至於淪為「紙糊利維坦」，仍然有各種法律和政治手段，可以用於壓制動亂，問題在於特區的領袖是否具有處理重大危機的能力。這是「一國兩制」實踐的管治誤區。因此，強化中央及特區政府的公權力是動亂後必然之事。落筆之際，香港社會對「軟對抗」及《香港國安法》是否「泛化利用」的討論並非利維坦公權力不足，而是否物極必反，走向另一個極端的問題。[2]

---

2. 靖海侯：〈我們到底需要一個什麼樣的香港〉，微信公眾平台，2023年7月9日。

浮士德幽靈徘徊在香港上空

以霍布斯的利維坦開端的現代國家即 state，若從 1651 年《利維坦》一書出版，至 2019 年反中動亂爆發，其間不過三百多年，相對於有三千年文字記載的中華文明，這當然是很短的。至於政治傳統，則中國自秦始皇統一並取消封建制，建立由中央直接管治的郡縣制，相沿下來亦有兩千多年。然而，這歷史悠久的政治傳統卻被抹黑為「專制獨裁」，相反地至今不過百多年的西方代議民主，卻被宣傳為「普遍真理」。這顯然是基於意識形態的話語霸權，在其影響下，相當多香港人一面倒的認為中國政治傳統只得「專制獨裁」，沒有其他值得借鑑和珍惜之處。不幸地，內地 1989 年的「六四」事件進一步影響香港人，連泛民主派在內也把中央政府抹黑為「專制獨裁」，其他則視而不見，包括中國共產黨領導中華民族「站起來」、「富起來」及「強起來」所付出的努力及成就。這是一種斷裂的歷史觀。

共產黨信奉馬克思主義，馬克思主義最根本的觀點之一是存在決定意識。諷刺的是香港回歸已 20 多年，中國擁有對香港特區全面管治權這一個客觀「存在」的現實，卻決定不了香港人的「意識」，在「存在」與「意識」之間出現巨大的落差，對此，所有關心「一國兩制」的人都不得不深思，這也是本書着力探討的問題。

大家不要以為中國政治傳統不堪一擊，經不起歷史的洗禮。汪暉在《短二十世紀》一書指出，幾個由多民族形成的龐大帝國，如奧匈帝國、奧圖曼帝國及俄羅斯沙皇帝國，均在二十世紀民族自決原則高於王朝帝國原則的歷史洪流下先後倒下。就算取代俄羅斯沙皇帝國而崛起的蘇聯，七十多年後亦逃不過解體的命運。

然而清帝國在 1912 年倒下後，中國經歷劇烈而動盪的內部分裂和外力入侵，脆弱的共和國仍能在清帝國原有的土地和人口規模上維持了國家的統一。[3] 就算在 1989 年「六四」事件後，沒有人能預料到中國會在社會主義制度不變的前提下採納市場經濟，並獲得空前的成就。說到底，中華民族有「大一統」的韌性，但反過來也可以這樣說，香港在回歸祖國後，竟然喪失了它與國家的政治傳統紐帶，誕生了港獨分離主義。

修例風波變成反中動亂，而暴動者表現出對西方選舉政制的狂熱追求，我們稱之為浮士德型人物的精神狀態，這種精神狀態在公權力缺位的情況下出現了「一切人對一切人戰爭」的種種荒誕行為。當霍布斯撰寫《利維坦》一書的時候，相信他不會預計到他所建構的社會契約最後演變成為現代國家即 state 的合法性來源。而在三百多年後中國香港的街頭，在虛擬或實體的廣場上，以暴動極端行為爭取普選權的「抗爭者」，就是受着《利維坦》的間接影響，我們不說直接影響，因為暴動者之中沒有幾位看過這本經典政治學巨著，泛民主派中人也不例外。

本書用「意識形態」來概括這個無遠弗屆的影響。意識形態被內化後所形成的龐大威力，可見於《香港國安法》實施後，港獨分子仍然念念不忘他們要爭取香港脫離中國獨立的妄念。這些到了今天仍然以為一旦實施西方選舉民主便能達致「普遍真理」的人，我們稱之為浮士德的幽靈，以下就是浮士德幽靈的三個事例。

---

3. 汪暉：《短二十世紀》，頁 1–5。

其一，2020 年 7 月 1 日，港獨分子唐英傑駕駛插有「光復香港　時代革命」旗幟的電單車，途經三條警方防線，在多次被警察喝停後，衝向一個約有 25 名警察的防線，3 名警察被撞，倒地受傷。唐英傑其後被控煽動他人分裂國家及恐怖活動兩罪，判刑九年，成為香港首宗審理的《香港國安法》案件。[4]

其二，2020 年 8 月至 11 月期間，外號「第二代美國隊長」的馬俊文在 20 個場合包括商場、政府總部及警署外，不斷公開宣揚香港獨立，其口號如「香港獨立　唯一出路」、「香港人建國」、「光復香港　時代革命」、「全民勇武　武裝起義」；他被控煽動他人分裂國家罪，判刑五年九個月。法官形容「被告（馬俊文）開始時是一個被煽動者，後來變本加厲成為煽動者，認為政治使命是其生命的唯一選項。」[5]

其三，2021 年 7 月 1 日，50 歲男子梁健輝在銅鑼灣刺傷警員後自插左胸身亡，警方將案件定性為「孤狼式本土恐怖襲擊」。其後不斷有人在梁健輝恐襲地點進行「悼念活動」。同月 7 日，香港大學學生會評議會通過動議，[6] 對梁健輝身亡表示「深切哀悼」，「並感激他為香港作出的犧牲」。同月 13 日，香港大學宣布校方不再承認學生會的校內角色，並收回學生會綜合大樓的管理權。至此，成立於 1912 年的香港大學學生會便結束了其超過百年的歷史。同年 8 月 18 日，四名香港大學學生因該事涉嫌

4.　〈香港國安法首案：唐英傑因煽動分裂及恐怖活動罪被判九年監禁〉，BBC News 中文，2021 年 7 月 30 日。

5.　〈美國隊長 2.0 多次喊港獨口號　煽動國家分裂罪成　囚 5 年 9 個月〉，香港 01，2012 年 11 月 11 日。

6.　這是代表學生會的最高權力機構，由學生會幹事會及各屬會代表組成。

違反《香港國安法》第二十七條「宣揚恐怖主義罪」被拘捕，現在候審。[7]

上述三個例子其實只是冰山一角。《香港國安法》已生效三年，這類浮士德幽靈繼續在香港的上空徘徊不去。被幽靈蠱惑的人，仍然相信自己身處「一切人對一切人戰爭」的「自然狀態」，以為沒有甚麼是不公正的，把「我」所相信的普選作為「普遍真理」，企圖將他不認同的政治秩序摧毀。

所謂超渡浮士德幽靈，不是說暴動者已死，而是比喻在《香港國安法》落實後，這些人仍然心懷怨忿，念念不忘他們那些不切實際的妄念，有機會就搞事；但有了《香港國安法》及執法部門，他們便容易墮入法網，所以要超渡。佛教指一些人在世時妄念過深、怨業未解，死後又未被供養、超渡，會變成孤魂野鬼，四處遊蕩，難以安身，所以超渡亡魂野鬼至為重要。

為何他們仍然妄念不絕呢？他們就像史賓格勒筆下的浮士德型人物，以宗教式狂熱追尋自己設定的道德，將之當為「普遍真理」，並以之企圖摧毀一切不同的道德。在古希臘文明，並沒有普世的政體，政體的衰敗與否在於統治者（君主、貴族或多數人統治的共和政體）是否有德性，即是否以城邦的共同利益為依歸。政體出現循環，是由於統治者喪失德性，腐化了。中國的朝代更替也是如此，以致有黃炎培（1878–1965）提出的歷史周期

---

7. 〈七一｜28歲警中刀傷肺　鄧炳強：梁健輝屬孤狼式本土恐怖襲擊〉，香港01，2021年7月2日；〈七一刺警案｜港大學生會評議會哀悼疑兇　校方宣布不再承認學生會〉，香港01，2021年7月13日；〈港大學生會須7日內遷出綜合大樓　學生透露：幹事早前已收拾物品〉，香港01，2021年7月15日；〈七一刺警案｜國安處拘至少3名港大學生會成員　涉宣揚恐怖主義罪〉，香港01，2021年8月18日。

率的講法；針對這問題，毛澤東以民主、習近平以自我革命作為回應，尋求中國共產黨克服此歷史規律。[8]

　　總結上文，這批為數不多的極端分子，只是一時衝動而犯法。當他們被捕及被提上法庭，鮮有像支聯會副主席鄒幸彤那樣，仍然對自己所作所為不表後悔。這種自以為正義的、狂熱及衝動的精神狀態，在利維坦公權力缺位下，可以無法無天，表現得義正辭嚴、義無反顧。但是，一旦《香港國安法》生效，受到震懾，面對拘捕，絕大部分的「正義之士」偃旗息鼓。不過，依然有相當多的浮士德幽靈仍然未被超渡，他們不乏犯法的機會，隨時墮入法網。這正是利維坦現代性國家即 state 的內在缺陷──霍布斯將國家去宗教化，代之而起的是個人讓渡自然權利而形成的國家，這是功能性的交易，沒有多少道德或宗教的神聖內涵。霍布斯的利維坦畢竟是一個「會朽敗的神」，甚至是「人造人」。相反，狂熱的浮士德型人物自以為是正義的化身，將自己的信念神聖化。因此，如何超度浮士德的幽靈，仍是有待解決的問題。

從中國政治傳統看「一國兩制」的管治誤區

　　「一國兩制」理論本身沒有甚麼大問題，其實踐亦十分成功。「一國兩制」的根本原則，是社、資兩制可以在中華人民共和國國內共存，回歸至今 20 多年，運作得非常成功，內地沒有變成資本主義，香港也沒有變成社會主義。2014 年的佔中運動、2019 年的反中動亂都失敗了。「一國」沒有變成「兩國」，「兩制」亦沒有變成「一制」。在這一角度，「一國兩制」是完全成

8.　〈「窰洞之問」的答卷人〉。

功的。但若果換個角度，看看「一國兩制」的目的，即香港回歸祖國後，實現長期繁榮穩定，對國家作出更大貢獻，就不算成功了，從 2014 到 2019 年的多次反政府運動，顯示穩定出了問題，甚至威脅到國家主權及安全。

中國政治傳統博大精深，在本書導言中，我們提到中國歷朝君主及士大夫以民為本的政治理想，這個政治傳統延續至今，因而有黃炎培與毛澤東的窰洞問答。在本書第四章，我們提出「中國共產黨政權承繼了『專制獨裁』政體嗎？」的問題，並借用錢穆的說法來回答，此即《禮記•禮運》的「天下為公，選賢與能」，這兩句凝聚了自秦以來中國政體的特徵。秦起用平民為將相，破貴族之擅權，後經隋、唐以科舉和銓選鞏固之，此外還可以加上法家的「循名責實」。我們若按照這傳統治理觀念來檢視「一國兩制」，或可有助省察當中出現的問題。

第五章探討「一國兩制」的歷史淵源，我們看到在「一國兩制」之下，中央政府握有軍權，這是對國家安全的保障，但同時，中央亦恪守對香港特區高度自治的承諾。之後在第六章，就「『一國兩制』的實踐為何變形走樣？」的問題，我們提到中國實行社會主義，香港實行資本主義，故此有中央官員及學者認為若由國內派官員到香港，肯定管治不好，這說法或許有一定的道理，因為資本主義與社會主義按不同的邏輯運作。但是，這問題也可以從另一個角度來考察，此即人性不變，社會現象、制度的演變，離不開背後的各種人性特徵，例如好逸惡勞、欲望若缺乏節制就不斷膨脹等。因此，中西古今的政治倫理，都重視德性，通過培養國民的德性令國家長治久安。但霍布斯等早期西方政治學者另

闢蹊徑,提出社會契約論,把國家的公權力置於由下而上的個人自然權利讓渡,結果就做成今天西方國家「超載政府」、「民粹政府」等現象,治理變得困難。今天的西方民主,是和人性好逸惡勞、欲望缺乏節制連在一起的。1930年代時有黃炎培的「窰洞之問」,他對毛澤東說:

> 我生六十多年,耳聞的不說,所親眼看見到的,真所謂「其興也勃焉」「其亡也忽焉」。……大凡初聚時聚精會神,沒有一事不用心,沒有一人不賣力,也許那時艱難困苦,只有從萬死中覓取一生。繼而漸漸好轉了,精神也就漸漸放下了,……一部歷史,「政怠宦成」的也有,「人亡政息」的也有,「求榮取辱」的也有。總之沒有能跳出這周期律。[9]

從這提問中,我們可以看到,國家治理,其實難分中外,都涉及源於人性的政治倫理,無論是資本主義或社會主義,並無例外。

黃炎培的歷史周期率可以用來敲打香港的治理問題。在回歸後,基於種種原因,香港是否應驗了黃炎培說的「其興也勃焉,其亡也忽焉」的歷史規律呢?香港肯定還未到「其亡也忽焉」的地步,但到今天已光輝漸退,敗象頻露,只餘下金融中心及普通法制度還算是基礎穩固,未致動搖。此外,黃炎培說的「政怠宦成」亦有現實意義。特區政府官員,上至行政長官、下至政務官等行政精英,在面對逆境包括面對利益集團及立法會反對派議員挑戰時,好像失卻迎難而上的勇氣,就算在不時說要「迎難而上」的梁振英年代,一眾政府高層在面對反對派在議會的阻撓時,也

---

9. 〈「窰洞之問」的答卷人〉。

沒有顯出同心合力的氣派。這和《禮記・禮運》説的「天下為公，選賢與能」相去太遠了！賢能之士，歸根結底，就是懷抱天下為公的理想，有擔當，有抱負，以為官「不作為」為恥，可惜在香港我們看不到有多少這樣的領袖。

雖然中國政治傳統重視選賢與能，但對於邊陲地區的少數民族，鮮有以「選賢與能」作為治理的標準，只講求邊疆「裔不謀夏、夷不亂華」。落實到香港特區，「選賢與能」不是首要考慮，例如曾蔭權當政時，他的親信及友儕便不乏反共人士；對這樣的局面，中央的態度亦顯得寬鬆，不積極干預。在本書，我們從中國政治傳統指出「一國兩制」存在的治理誤區，一言以蔽之，就是中央高度重視香港的高度自治，事事從寬，「內外有別」，未有認真地在香港這個商業社會培養政治人才；其結果，就是一眾官員不符合中國政治傳統講求的「天下為公，選賢與能」。

我們對政府高官的批評是否過於嚴厲呢？當然，政務官是行政精英，其中不乏有擔當、有能力的人，只是這樣的人寥寥可數，不成氣候，這自然就大大影響了「一國兩制」的落實。在「一國兩制」下，雖然中央不派人去香港，這並不意味着不能為香港培養政治人才及銓選政治官員；即使由中央為香港培養政治人才，但培養的既是香港人，結果自然仍是「港人治港」，至於銓選香港特區官員，這亦符合《基本法》。《基本法》第十五條説：「中央人民政府依照本法第四章的規定任命香港特別行政區行政長官和行政機關的主要官員。」這可説是銓選官員的法理根據，事實上，香港回歸以來，對每屆的行政長官及主要官員，中央都嚴格把關。但是，整體而言，中央對於政治人才的培育及銓選，缺乏長期規劃和策略。

超越 2047 年的視野

反中動亂反映了一個現實：在「一國」缺位的情況下，「兩制」亦難以維持。「一國兩制」的設計原意是在「一國」主導下，促進「兩制」的平行發展，在這個過程中，中央給予香港相當充裕的空間。然而，回歸 20 多年後的現實卻事與願違。香港缺乏了「一國」的歷史、文化及政治傳統的傳承，相當多香港人逐漸喪失國族立場，最終觸及國家安全底線，逼使中央出手撥亂反正。現在回顧並檢討，要下功夫之處不是「兩制」，而是「一國」，是「一國」如何在香港特區有效地落實。香港特區的「一國兩制」與解放初期中央在西藏實行的「一國兩制」本質分別，香港的資本主義是現代化進程的一種，與中國實行的社會主義現代化屬於不同模式。只要香港「兩制」不觸動主權、國家安全底線及發展利益，「兩制不變」不一定止於 2047 年。1980 年代鄧小平對這一點已重複談及，最近港澳辦主任夏寶龍亦在 2022 年兩會期間向全國政協委員再次重申。[10] 1980 年代，鄧小平對「五十年」的說法是這樣的：「實際上，五十年只是一個形象的講法，五十年後也不會變。前五十年是不能變，五十年之後是不需要變。所以，這不是信口開河。」[11] 2022 年夏寶龍會見港區全國政協委員時表示，「五十年不變」是一個哲學問題，而不是一個數學問題，只要「一國兩制」能夠按照正確方向行穩致遠，就不會變。[12] 看來

---

10. 〈夏寶龍指「一國兩制」50 年後不需改變 鄭若驊：說法有理有據〉，《頭條日報》，2022 年 3 月 9 日。

11. 鄧小平：〈要吸收國際的經驗（一九八八年六月三日）〉，頁 267。

12. 高聲：〈「五十年不變」是一個哲學問題〉，《大公報》，2022 年 3 月 11 日，第 A08 版。

在中央眼中，「五十年」從來不是確數，而是概數，所以鄧小平說是「一個形象的講法」、夏寶龍說是「一個哲學問題」。習近平最近「一國兩制」「必須長期堅持」的講話只是把話說白了。

從社會主義與資本主義長期並存的客觀現實來看，香港資本主義發揮的功能即作為社會主義與資本主義之間的橋樑，是獨特的，是實行社會主義的內地城市無法替代的。中國特色的社會主義無論怎樣發展成熟，也不會與資本主義世界完全脫鈎。基於這個判斷，哪怕香港在「一國兩制」意義下的功能只剩下金融與法律兩者，「一國兩制」仍有值得保留的戰略價值。因為這些功能是「自由貿易試驗區」一類的特殊功能區域難以取代的。在中國境內保留一個連接資本主義世界的視窗，對中國的發展更有利。因此，只要資本主義世界體系仍然存在，社會主義中國仍然要在其中謀求生存和發展，香港的功能就不會消失。到了第二個一百年，雖然中國已建成社會主義強國，但距離資本主義消亡，仍然很遠。這樣一來，「五十年」後自然不會變，我們要從這角度看待問題，才能理解為何「一國兩制」是基本國策。目前美國在反中動亂後出台一些制裁香港特區的政策，短期內對香港的發展一定有影響，但中長期還是要看國家的發展。

夏寶龍「五十年不變」哲學說法的一個前提，就是「一國兩制」要按照正確方向行穩致遠。2019 年爆發的反中動亂，就是導致「一國兩制」未能按照正確方向行穩致遠，相當多香港人在煽動下喪失了國族立場，最終觸及國家安全底線。若我們重溫本書第三、四章的討論，便知道問題出自泛民主派自「六四」事件後所持的斷裂歷史觀，這種歷史觀實有西方話語霸權的近代歷史根源。若沒有鴉片戰爭啟端的百年國恥，今天的東方專制主義論述哪會陰魂不息，將中國共產黨標籤為承繼中國歷代「專制」、

「獨裁」傳統的政權。這種西方話語霸權在 2019 年的暴亂結束後仍揮之不去，浮士德的幽靈仍然徘徊於香港上空。

面對新冠肺炎世紀疫情，中國的「舉國體制」發揮優勢，「集中力量辦大事」；對於這樣的成就，很多香港人卻視而不見。由於社會、政治及文化背景不同，內地的年輕人與香港特區的同代人對國家的心態及想法很不一樣，相去懸殊。國家主席習近平表示：「70 後、80 後、90 後、00 後，他們走出去看世界之前，中國已經可以平視這個世界了，也不像我們當年那麼土了。」[13] 而香港的同代人卻仍然仰視西方，視一百多年前還被看作為「壞東西」的西方民主為普世價值及真理。若果香港的同代人能夠實事求是地看待問題，能夠承傳中國的政治傳統，而不被斷裂的歷史觀誤導，浮士德的幽靈便不會在香港的上空繼續徘徊。

怎麼辦？

討論到了這裏，我們要面對「怎麼辦」的問題了。我們認為，香港的精英階層及年輕世代必須從今天起拋棄殖民地遺留下來的思想包袱，不再重洋輕中，對中華文化及新設計的政治體制建立信心，只有這樣，才能牢牢掌握香港動亂過後再出發的機遇，不然的話，便難於脫胎換骨。以下我們提出幾點意見，希望有助完善香港特區的治理。

第一，開展培養政治人才的治理工程

利維坦公權力所以缺位，直接原因是政治領袖立場不堅定、

---

13. 〈習近平：中國已經可以平視世界〉，《頭條日報》，2011 年 3 月 8 日。

遇事猶豫不決、缺乏果斷的能力。在「一國兩制」下，中央對香港擁有全面管治權，這除了任命行政長官及問責官員，也有責任幫助「兩制」增強治理能力，尤其要培養香港官員的策略思維及全域意識，以及處理重大危機的能力。故此，我們認為中央應定下長期策略，為香港特區培養政治人才及銓選高級公務員。這當然是一個長期工作，需要為此建立一個有系統的組織架構。

政治人才必須經過重重歷練，包括必需的政治知識，以及實際的從政經驗，尤其需要在政府中工作的磨練，幹出成績，這才能成為可用之才。香港特區政府的政務職系編制有七百多位政務官和政務主任，他們的優勢是熟悉政府的典章制度，文字工夫出色，惟其弱點是過多考慮程序，缺乏策略思維及大局意識。香港缺乏具有執政能力的政治領袖，因此需要設立機制，幫助有潛質的政務官及專業部門高級官員有轉換軌道的機會。

在這方面，可以做的包括有系統及有計劃地派遣公務員（尤其年輕的政務官）到內地大學進修文史哲及政治課程，並推動高級公務員（尤其是首長級政務官及專業部門官員）到內地部委及地方掛職，親身體驗內地的治理經驗，多吸收歷史文化養分。我們相信，香港的官員不會照單全收內地一套，而會予以調整，再按香港的實際情況考慮如何落實背後的治理觀。

這樣的培養不應局限於公務員體系，對有政治潛質的社會成員如各政黨的成員，也應開放。其他國家也有可供借鑑的例子，如新加坡政府吸引社會精英成為政治領袖的辦法，另該國保送學術成績優秀的學生到國內外著名大學進修，畢業後到政府任職一段時間，也是可以參考的，後者為新加坡積聚了一個政治精英人才庫。

第二，拋棄政體至上的意識形態包袱，轉而借鑑中國政治傳統的治道智慧

若我們重溫當年毛澤東在延安與黃炎培的窰洞問答，便知歷史周期率並非容易回答的敲問。二戰後，西方世界以競爭性選舉政治領袖作為治理國家好壞的標準，但這只不過是冷戰手段，並非善治的制度保證。選舉只是達到民主理念的其中一種制度，實現民主可有多種方法。民主理念的目的是實現人民當家作主，不被個別寡頭利益控制。因此，我們應該實事求是，不尚空言，堅信達成善治、有績效的制度就是好的制度。我們認為中國政治傳統講求的「天下為公，選賢與能」就是善治之本。「天下為公」就是為政不為私利，而為天下百姓謀幸福。這也是中國最重要的政治遺產，歷來被視為是治理國家的規律——執政者能夠體會和把握好人民的共同期盼並付諸行動，就是治道；對人民共同期盼背離的治理，就是失道。

如何找到人民共同的期盼？甚麼是人民的共同利益而非私利呢？我們可參考西方文明的說法。法國哲學家盧梭對公意及眾意之辨對甚麼是民本應有一定的啟示。他認為「公意只着眼於公共利益，而眾意則着眼於私人利益。……如果當人民能夠充分了解情況並進行討論時，彼此之間沒有任何勾結；那末從大量的小分歧中總可以產生公意。」[14] 盧梭對人民產生公意較有信心。但若參考美國立國諸國父對古典民主及近代學者如熊彼特等對民眾直接參與政府管治的擔憂，便明白中國的民本思想是中間落墨、發揮中庸之道的政治智慧。最後，落實治道一定要按法家「循名責

14. 盧梭：《社會契約論》，頁 39。

實」的主張，具體而言，就是「擇人任職，充分授權，督查考核，賞罰分明」這 16 個字。

第三，應重視統治者的德性多於其能力

中國自秦起用平民為將相，到隋唐時期開始科舉（禮部）和銓選（吏部），均以客觀標準吸納社會精英及選拔官員。當然，中國歷史也經歷過皇帝獨裁專制、士人政府腐敗、內鬥等，所以才有黃炎培的窰洞之問。但是，也不能不看到，在中國的中央集權，權力並不完全掌握在君主手上，權力往往有分工，如唐朝的三省六部制，在這制度中，尚書省是行政系統，略等於今日的政府，中書省相當於當今的政治局，而門下省相當於人大，三省達成共識，才做出決策。[15] 而中國歷代的人才培養及銓選均是對社會公開，透過選賢與能，起用人才，所謂「宰相必起於州部，猛將必發於卒伍」。例如清朝大部分的官員都是進士出身，而且中了進士，也不是馬上予以重任，一些會派去地方做縣官，還有一些派去京城於六部實習。有成績的官員經吏部銓選，派去地方或六部磨練及升遷。[16] 今天的中國大體上跟隨這個做法，例如習近平就是從大隊支書做起，然後到縣到市，從市到省，在不同省分工作過之後，再到上海市，最後才進入中央管治階層。

司馬光《資治通鑑》中的《周紀》三家分晉歷史事件中，總結了智宣子選用智伯繼任的滅族之禍。他說：「小人智足以遂其奸，勇足以決其暴，是虎而翼者也，其為害豈不多哉！」故此他建議「與其得小人，不若得愚者」。本書第八章總結在缺乏《香

---

15. 姜義華：《中華文明的經脈》（北京：商務印書局，2019），頁 183。
16. 同上。

港國安法》及在國安執法部門人力物力不變的情況下，換了有擔當的新警務處處長後，便將暴動者的氣焰壓下來。由此可見，敢於擔當的德性何等重要。基於反中動亂及新冠肺炎疫情中特區政府的諸般表現，我們認為在選賢與能中，「賢」比「能」更為重要，香港最需要的，就是具備賢與能這兩種品格的政治人才。

第四，香港政治人物應常存憂患意識

毛澤東從西柏坡出發赴北京時說：「[我們]進京『趕考』去……我們決不當李自成，我們都希望考個好成績。」[17] 這和郭沫若發表於 1944 年的〈甲申三百年祭〉有關，警惕了中國共產黨執政「不當李自成」，不要重蹈「其興也勃焉、其亡也忽焉」的覆轍。對毛澤東來說，「趕考」就是考民主，要走群眾路線，接受人民監督，政府才不會鬆懈，才不會人亡政息。對習近平來說，「趕考」就是不斷自我革命，主動在自我革命中淬煉鍛造。其中的憂患意識是關鍵。那麼，如何保持憂患意識呢？對於中國歷代治理者，包括君主及輔政的士人，辦法是以史為鑑，從歷史找到治國方向和智慧。與此同時，要廣開言路，了解民間疾苦。中國共產黨可說是承繼了這個傳統，重視調研，以調研尋找公意，免被既得利益團體騎劫。在這方面，香港特區政府明顯不足，發生過兩位從政務官出身的行政長官不察民情的笑話，其中一位在茶餐廳叫一客奶茶加多士，居然問港幣一百元是否足夠；另一位不懂用「八達通」（現金支付儲值卡）過地鐵的入閘機，反映他們脫離現實生活。

---

17. 〈《甲申三百年祭》，趕考路上的名篇警鐘｜號角催征——解碼《新華日報》老報紙裏的百年初心〉，新華報業網，2021 年 7 月 20 日。

有憂患意識的同時，香港的政治人物還應有大局意識，對國家發展及國際形勢變化有足夠的認識及重視，這才可以在瞬息萬變的世界中掌握主動權。俄烏戰爭爆發之後，國際格局大變，西方國家對俄羅斯實施史無前例的金融制裁，對此，俄羅斯還有能源可以作為反制的武器，如果香港遇到類似處境，我們的政治精英有沒有甚麼預案呢？我們正處中國大國崛起之路，這條路不會平坦，中國的崛起意味着西方世界的相對「衰落」，他們群起遏制中國，是意料中事，香港也難免被波及。作為中國社會主義「一國」之內的資本主義體制，今天的中國香港已經不再可以假設西方世界對香港友善。香港政治精英能否帶領香港淬煉鍛造，再創新天，是對彼等政治識見及智慧的重大考驗，而具備憂患意識是前提。

第五，如何超渡浮士德幽靈

最後，我們還是要考慮如何超渡浮士德幽靈的問題。這是本章的副題，需要用較多筆墨來討論。

首先我們要問，良政善治能超渡這幽靈嗎？浮士德幽靈的出現，源於人性中之衝動本能，這本性很容易被煽動，於是做出種種破壞行為。但浮士德幽靈還可能具有理性分析的能力，當他們冷靜下來，便能通過思考而看到是非黑白。這一點從不少暴動者在被判刑後表示後悔可以看出來，所以，如果建立良政善治，對於被煽動的浮士德幽靈還是有作用的。但對於那些政治狂熱的浮士德幽靈，良政善治並沒有大用。梁健輝的例子可以説明，此人在 2021 年的七一回歸紀念日刺傷警員並隨即自戕而死，他有穩定職業，是香港上市公司採購部的主任，但卻被其自以為正義的

狂熱理想推使，因衝動而犯法。「羊村繪本」是另一個例子，[18] 這刊物發布煽動言論，涉案的五名被告是香港言語治療師總工會的成員，被告之一的楊逸意說：「與其話審視 3 本繪本有冇散播謠言，不如話係對正確歷史觀嘅審判……唯一後悔係我趕唔切喺被捕之前出版更多繪本。」[19] 這類極端型的浮士德幽靈也許不多，但對他們來說，良政善治是沒有用的。

再者，現在是有了《香港國安法》及國安執法部門，這對超渡浮士德幽靈起到相當作用，但過程依然轉折，難以一步到位。《香港國安法》及國安執法部門當然具有震懾力，令人畏懼，但由於缺乏中國政治傳統的薰陶，並被斷裂的歷史觀誤導，浮士德幽靈不會因為面對公權力的震懾而裹足不前，他們亦可能會繼續為自以為正義的理想而「赴義」。或許，時間會沖淡他們的怨念。

第三，就是要嚴厲管制煽動仇恨言論的問題，因為網上言論容易被操控，且缺乏監察，很容易變成煽動工具。本書着重分析廣場式政體現象，也是因為關注到網絡世界被濫用而造成的種種惡果。「爆眼少女」、「新屋嶺性侵」及「太子站 8．31 死人」事件，都是子虛烏有；但透過虛擬式廣場的渲染，卻成為許多香港人深信不疑的「事實」，繼而導致劣質浮士德型人物的大量出現，做出種種匪夷所思及違法的荒誕行徑。這一切亂象與言論自由毫無關係，只是濫用言論自由的惡果。

第四亦是最後一點，就是如何超渡浮士德幽靈的問題，在這

---

18. 「羊村繪本」是給兒童的漫畫故事，灌輸中國對香港沒有主權，宣稱不反抗便會被殺害。

19. 〈羊村繪本案｜涉串謀發布煽動刊物　前言語治療師總工會 5 成員囚 19 個月〉，星島網，2022 年 9 月 10 日。

一點上，不止是要治標，還要治本。浮士德幽靈可説是佛教所謂的「執念」，化解執念的方法並不是滿足執念，而是幫助其透過覺醒而悟道。所謂悟道，是導言所歸納的三個元素，即歷史觀、文化及意識形態三者，其中文化認同為最重要的入手點。2022年5月內地發生過這樣的事情，一位香港明星代言人為名車做廣告時，説：「有小暑一定有大暑，……但是小滿一定沒有大滿」，這廣告被指是抄襲，但卻反映內地社會對傳統文化熟悉的程度。若在香港，可能甚麼是小滿也説不清楚。小滿是二十四節氣之一，其意為「滿而不損，滿而不盈，滿而不溢」，代表了中國的傳統智慧，既中庸又留有餘地，這和浮士德型人物追求其獨具的道德並將之當為「普遍真理」相比，高下立見。所以我們認為要有計劃地讓香港的年輕人承傳中國的文化傳統。

若中央及特區政府能秉承 country 的國家理論，應能有效地強化香港人愛國家愛民族的自然感情。在這方面，中央於2017年印發的《關於實施中華優秀傳統文化承傳發展工程的意見》值得特區政府參考，這文件提及如何將具文化特色的經典性元素和標誌性符號貫串於國民教育，並將之融入日常生活，例如國家教育部於2017年在中小學語文科中大幅提升古詩文及經典文章的比例，要求中小學生在校12年的學習中背誦208篇古詩文及經典文章。我們認為，如果能令中國優秀文化成為國民教育及日常生活的一部分，便能最終化解浮士德幽靈的執念。

當然，我們還要面對斷裂歷史觀及港版東方專制主義意識形態的問題。這些都是需要通盤考慮，才能夠治本。我們相信，關鍵還在於文化認同或回歸，古兆申在「九七」前預言：沒有文化回歸，就會出現港獨，他在回歸前夕表示：「在『九七』之後『港人治港』發展到某一階段，會不會像今日的台灣那樣，有相當一

部分人變成港獨分子，倚仗外國勢力、輿論，大搞獨立運動？」[20]
為甚麼他這樣預測呢？因為他認為，社會的回歸與文化認同兩者
有千絲萬縷的關係，他說：「那就是每一個民族每一成員，在悠
長的民族歷史中所共同追求的生命理想，即一個民族文化的價值
觀。這種文化價值觀，是文化認同的依據，也是社會歸屬的凝聚
力所在。」[21]

　　我們這本書考察歷史觀、文化及意識形態三者，認為這三
者是香港反中動亂的深層次因素，這看法和古兆申的觀點雷同：
「文化滲透於人們生活的每一個環節，塑造着人們的心理傾向、
意識形態。」[22] 泛民主派斷裂的歷史觀正是由反共意識形態引導
的。可以概括的說，解決這個浮士德幽靈的長遠辦法，就是文化
回歸，將之作為入手點及根基。我們相信，文化認同會改變人們
的歷史觀及意識形態。

　　最後總結一句，文化認同結合政治人才的培訓及銓選，才
能長遠地解決浮士德幽靈的問題，才能將一個極之西化的中國人
社會，轉變成為一個中、西文化相容並蓄的中國人社會。短期而
言，一兩代人的迷失難以避免，但我們關心的是長遠規劃、長期
遠景。

---

20. 古兆申著，雷競璇編：《天人與古今》（香港：三聯書店，2022），
　　頁 156–157。
21. 同上，頁 142–143。
22. 同上，頁 141。